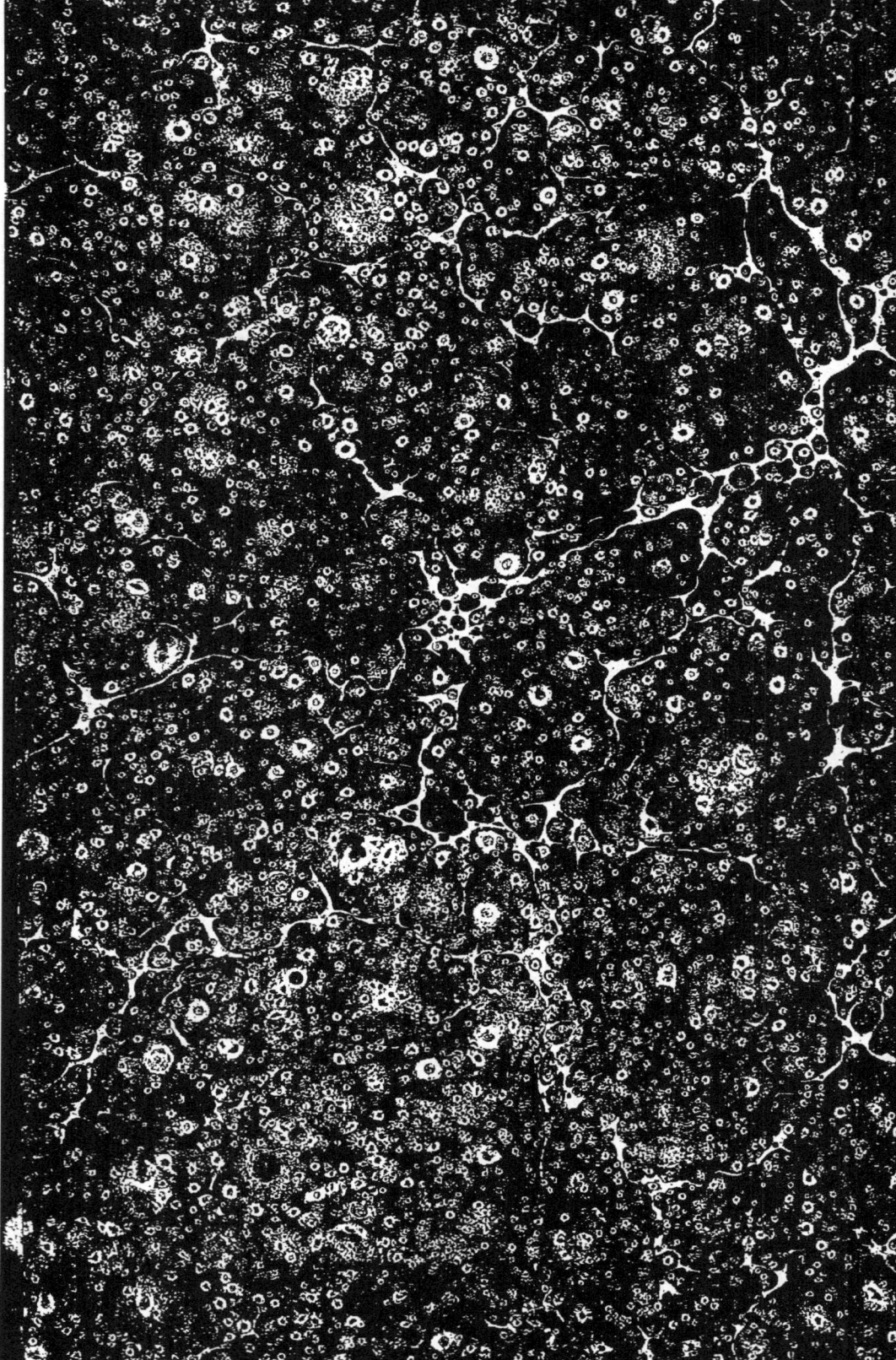

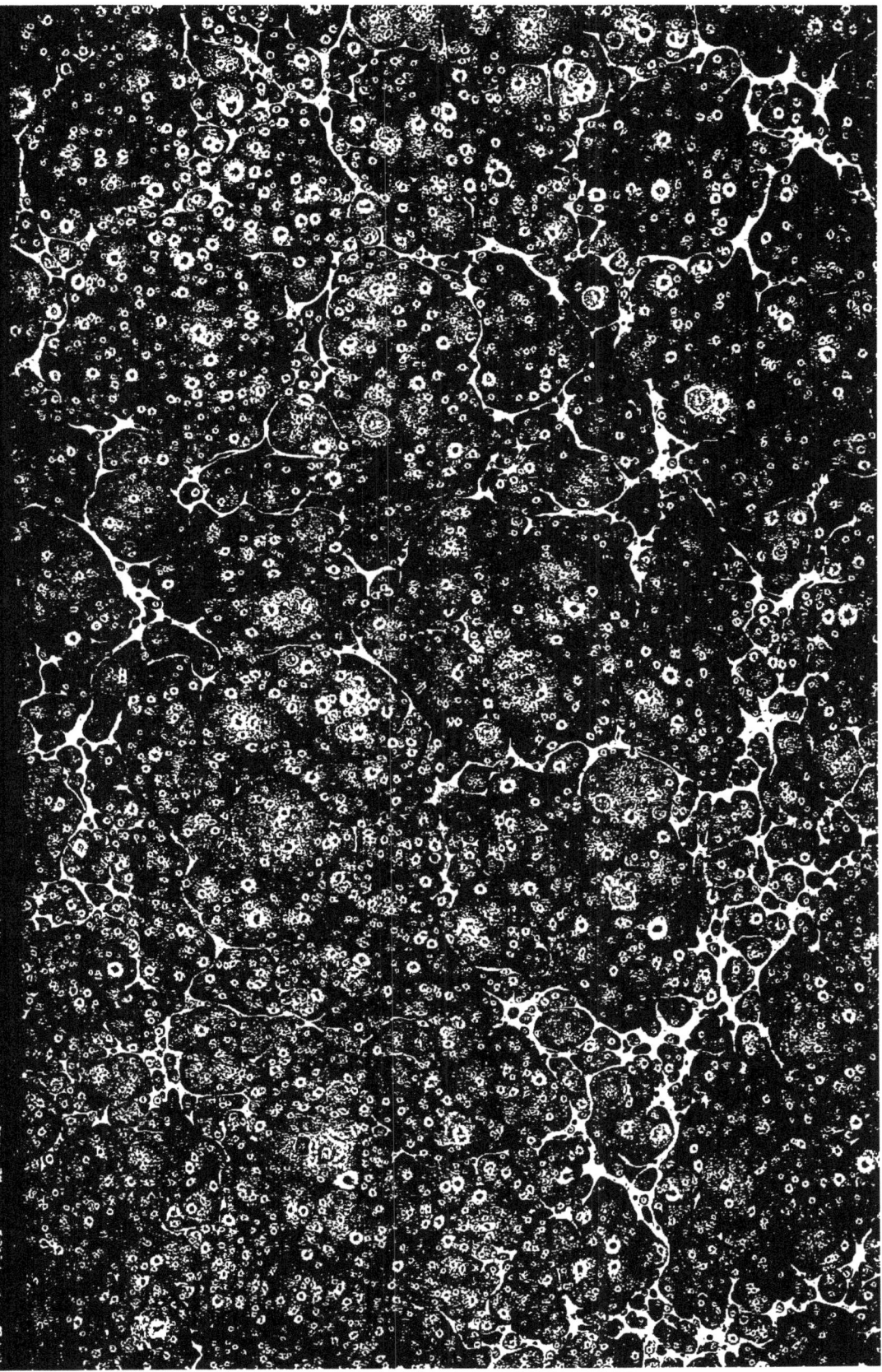

Y 2

ISIDORA.

CHEZ LE MÊME ÉDITEUR :

UN HIVER A MAJORQUE,
Par GEORGE SAND.
2 volumes in-8.

MELCHIOR, — MOUNY-ROBIN,
Par George Sand.
(Faisant partie de la 4ᵉ livraison du *Foyer de l'Opéra*, 2 vol. in-8.)

SOUS PRESSE :

LE PÉCHÉ DE MONSIEUR ANTOINE,
Par GEORGE SAND.

La comtesse de Monrion,
ROMAN EN DEUX PARTIES,
Par FRÉDÉRIC SOULIÉ,

L'AMAZONE,
(Faisant partie de la 5ᵉ livraison du *Foyer de L'Opéra*, 2 vol. in-8.)
Par Alexandre Dumas,

LE MÉDECIN DU CŒUR,
Par Alphonse BROT,

TEL PÈRE TEL FILS,
Par Jules DAVID.

LE POIGNARD DE CRISTAL,
Par Jules LECOMTE.

ISIDORA

PAR

George Sand.

PARIS,
HIPPOLYTE SOUVERAIN, ÉDITEUR
De MM. George Sand, Frédéric Soulié, de Balzac, Alexandre Dumas, Paul de Kock,
Alphonse Brot, Amédée de Bast, Jules Lecomte, etc.
RUE DES BEAUX-ARTS, 5.

1846.

PREMIÈRE PARTIE.

——•◦——

JOURNAL D'UN SOLITAIRE A PARIS.

Il y a quelques années, un de nos amis, partant pour la Suisse nous chargea de ranger des papiers qu'il avait laissés à la campagne, chez sa mère, bonne femme peu lettrée, qui nous donna le tout, pêle-mêle, à débrouiller. Beaucoup des manuscrits de Jacques Laurent avaient déjà servi à faire des sacs pour le raisin, et c'était peut-être la première fois qu'ils étaient bons à quelque chose. Cependant nous eûmes le bonheur de sauver deux cahiers qui nous parurent offrir quelque intérêt. Quoiqu'il n'eussent rien de commun ensemble, en apparence, la même ficelle les attachait, et nous prîmes plaisir à mettre en regard les interruptions d'un de ces manuscrits avec les dates de l'autre; ce qui nous conduisit à en faire un tout que nous livrons à votre discrétion bien connue, amis lecteurs. Nous avons désigné ces deux cahiers par les numéros 1 et 2, et par les titres de *Travail* et *Journal*. Le premier était un recueil de notes pour un ouvrage philosophique que Jacques Laurent n'a pas encore terminé et qu'il ne terminera peut-être jamais. Le second était un examen de son cœur et un récit de ses émotions qu'il se faisait sans doute à lui-même.

CAHIER N° 1. — TRAVAIL.

TROISIÈME QUESTION.

La femme est-elle ou n'est-elle pas l'égale de l'homme dans les desseins, dans la pensée de Dieu?

La question est mal posée ainsi ; il faudrait dire : *L'espèce humaine est-elle composée de deux êtres différents, l'homme et la femme? Mais* dans cette rédaction j'omets la pensée divine, et ce n'est pas mon intention. *En créant l'espèce humaine, Dieu a-t-il formé deux êtres distincts et séparés, l'homme et la femme?*

Revoir cette rédaction dont je ne suis pas encore content.

CAHIER N° 2. — JOURNAL.

25 Décembre 183*.

J'ai passé toute ma soirée d'hier à poser la première question, et je me suis couché sans l'avoir rédigée de manière à me contenter. Je me sentais lourd et mal disposé au travail. J'ai feuilleté mes livres pour me réveiller, j'ai trop réussi. Je me suis laissé aller au plaisir de comparer, d'analyser; j'ai oublié la formule de mon sujet pour les détails. C'est parfois un grand ennemi de la méditation que la lecture.

26 Décembre.

Je n'ai pu travailler hier soir, le vent a tourné au nord. Je me suis senti paralysé de corps et d'âme. Les nuits sont si froides et le bois coûte si cher ici! Quand je devrais mourir à la peine, je ne sortirai pas de cette pauvre mansarde, je ne quitterai pas ce sombre et dur Paris sans avoir résolu la question qui m'occupe. Elle n'est pas de médiocre importance dans mon livre : régler *les rapports de l'homme et de la femme dans la société, dans la famille, dans la politique!* Je n'irai pas plus avant dans mon traité de philosophie, que je n'aie trouvé une solution aux divers problèmes que cette formule soulève en moi. J'admire comme ils l'ont cavalièrement et lestement tranchée tous ces auteurs, tous ces utopistes, tous ces métaphysiciens, tous ces poètes! Ils ont toujours placé la femme trop haut ou trop bas:

Il semble qu'ils aient tous été trop jeunes ou trop vieux. — Mais moi-même, ne suis-je pas trop jeune? Vingt-cinq ans, et vingt-cinq ans de chasteté presque absolue, c'est-à-dire d'inexpérience presque complète! Il y en a qui penseraient que cela m'a rendu trop vieux. Il est des moments où, dans l'horreur de mon isolement, je suis épouvanté moi-même de mon peu de lumière sur la question. Je crains d'être au-dessous de ma tâche; et si je m'en croyais, je sauterais ce chapitre, sauf à le faire, et à l'intercaller en son lieu, quand mon ouvrage sera terminé à ma satisfaction sur tous les autres points.

26 Décembre au soir.

L'idée de ce matin n'était, je crois, pas mauvaise. J'essayerai de passer outre, afin de m'éclairer sur ce point par la lumière que je porterai dans toutes les parties de mon œuvre et que j'en ferai jaillir. Je me sens un peu ranimé par cette espérance… J'ignore si c'est le froid, le ciel noir et le vent, qui siffle sur ces toits, qui tiennent mon ame captive ; mais il y a des moments où je n'ai plus confiance en moi-même, et où je me demande sérieusement si je ne ferais pas mieux de planter des choux que de m'égarer ainsi dans les âpres sentiers de la métaphysique.

CAHIER N° 4. — TRAVAIL.

QUATRIÈME QUESTION.

Quelle sera l'éducation des enfants dans ma république idéale ?

C'est-à-dire d'abord à qui sera confiée l'éducation des enfants ?

RÉPONSE.

A l'État. — La société est la mère abstraite et réelle de tout citoyen, depuis l'heure de sa naissance jusqu'à celle de sa mort. Elle lui doit...... (Voir pour plus ample exposé, mon cahier numéro 3, où ce principe est suffisemment développé.)

INSTITUTION.

La première enfance de l'homme sera exclusivement confiée à la direction de la femme.

QUESTION.

Jusqu'à quel âge ?

RÉPONSE.

Jusqu'à l'âge de cinq ans.

C'est trop peu. Un enfant de cinq ans serait trop cruellement privé des soins maternels.

Jusqu'à l'âge de dix ans.

C'est trop. — L'éducation intellectuelle peut et doit commencer beaucoup plus tôt.

RÉPONSE.

A partir de l'âge de cinq ans, jusqu'à celui de dix ans, l'éducation des mâles sera alternativement confiée à des femmes et à des hommes.

QUESTION.

Quelle sera la part d'éducation attribuée à la femme ?

Je l'ai trop exclusivement supposée purement hygiénique. J'ai semblé admettre, dans le titre précédent, que l'homme seul pouvait donner l'enseignement scientifique. La femme ne doit-elle pas préparer, même avant l'âge de cinq ans, cette jeune intelligence à recevoir les hauts enseignements de la science, de la morale et de l'art?

Cela me fait songer aussi que j'établis *à priori* une distinction arbitraire entre l'éducation des mâles et celle des femelles, presque dès le berceau. Il faudrait commencer par définir la différence intellectuelle et morale de l'homme et de la femme.....

CAHIER N° 2. — JOURNAL.

27 Décembre.

Cette difficulté m'a arrêté court; je vois que j'étais fou de vouloir passer à la quatrième question avant d'avoir résolu la troisième. Jamais je ne fus si pauvre logicien. Je gage que le froid me rend malade, et que je ne ferai rien qui vaille tant que soufflera ce vent du nord!

Lugubre Paris! mortel ennemi du pauvre et du solitaire! tout ici est privation et souffrance pour quiconque n'a pas beaucoup d'argent. Je n'avais pas prévu cela, je n'avais pas voulu y croire, ou plutôt je ne pouvais pas y songer, alors que l'ardeur du travail, la soif des lumières et le besoin impérieux de *nager* dans les livres me poussaient vers toi, Paris ingrat, du fond de ma vallée champêtre! A Paris, me disais-je, je serai à la source de toutes les connaissances; au lieu d'aller emprunter péniblement un pauvre ouvrage à un ami érudit par hasard, ou à quelque bibliothèque de province, ouvrage qu'il faut rendre pour en avoir un autre, et qu'il faut copier aux trois quarts si l'on veut ensuite se reporter au texte, j'aurai le puits de la science toujours ouvert; que dis-je, le fleuve de la connaissance toujours coulant à pleins bords et à flots pressés autour de moi. Ici je suis comme l'alouette qui, au temps de la sécheresse, cherche une goutte de rosée sur la feuille du buisson, et ne l'y trouve point. Là-bas, je serai comme l'alcyon voguant en pleine mer. Et puis, chez nous, on ne pense pas, on ne cherche pas, on ne vit point par l'esprit. On est trop heureux quand on a seulement le nécessaire à la campagne ! On s'endort dans un tranquille bien-être, on jouit de la nature par tous les pores ; on ne songe pas au malheur d'autrui. Le paysan lui-même, le pauvre qui travaille aux champs, au grand air, ne s'inquiète pas de la misère et du désespoir qui rongent la population laborieuse des villes. Il n'y croit pas; il calcule le salaire, il voit qu'en fait c'est lui qui gagne le moins, et il ne tient pas compte du dénûment de celui qui est forcé de dépenser davantage pour sa consommation. Ah! s'il voyait, comme je les vois à présent, ces horribles rues noires de boue, où se reflète la lanterne rougeâtre de l'échoppe! S'il entendait siffler ce vent qui, chez nous, plane harmonieusement sur les bois et sur les bruyères, mais qui jure, crie, insulte et menace ici, en se resserrant dans les angles d'un labyrinthe maudit, et en se glissant par toutes les fissures de ces toits glacés! S'il sentait tomber sur ses épaules, sur son âme, ce manteau de plomb que le froid, la solitude et le découragement nous collent sur les os!

Le bonheur, dit-on, rend égoïste,..... Hélas! ce bonheur réservé aux uns au détriment des autres doit rendre tel, en effet. O mon Dieu! le bonheur partagé, celui qu'on trouverait en travaillant au bonheur de ses semblables, rendrait l'homme aussi grand que sa destinée sur la terre, aussi bon que vous-même!

Je fuyais les heureux, craignant de ne trouver en eux que des égoïstes, et je venais chercher ici des malheureux intelligents. Il y en a sans doute; mais mon indigence ou ma timidité m'ont empêché de les rencontrer. J'ai trouvé mes pareils abrutis ou dépravés par le malheur. L'effroi m'a saisi et je me suis retiré seul pour ne pas voir le mal et pour rêver le bien; mais chercher seul, c'est affreux, c'est peut-être insensé.

Je croyais acquérir ici tout au moins l'expérience. Je connaîtrai les hommes, me disais-je, et les femmes aussi. Chez nous (en province), il n'y a guère qu'un seul type à observer dans les deux sexes : le type de la prudence, autrement dit de la poltronnerie. Dans la métropole du monde je verrai, je pourrai étudier tous les types. J'oubliais que moi aussi, provincial, je suis un poltron, et je n'ai osé aborder personne.

Je puis cependant me faire une idée de l'homme, en m'examinant, en interrogeant mes instincts, mes facultés, mes aspirations. Si je suis classé dans un de ces types qui végètent sans se fondre avec les autres, du moins j'ai en moi des moyens de contact avec ceux de mon espèce. Mais la femme! où en prendrai-je la notion psychologique? me révélera cet être mystérieux qui se présente à l'homme comme maître ou comme esclave, toujours en lutte contre lui?

Et je suis assez insensé pour demander si c'est un être différent de l'homme !.....

CAHIER N° 1. — TRAVAIL.

―――

TROISIÈME QUESTION.

Quelles sont les facultés et les appétits qui différencient l'homme et la femme dans l'ordre de la création ?

On est convenu de dire que, dans les hautes études, dans la

métaphysique comme dans les sciences exactes, la femme a moins de capacité que l'homme. Ce n'est point l'avis de Bayle, et c'est un point très controversable. Qu'en savons-nous? Leur éducation les détourne des études sérieuses, nos préjugés les leur interdisent... Ajoutez que nous avons des exemples du contraire.

Quelle logique divine aurait donc présidé à la création d'un être si nécessaire à l'homme, si capable de le gouverner, et pourtant inférieur à lui?

Il y aurait donc des âmes femelles et des âmes mâles? Mais cette différence constituerait-elle l'inégalité? On est convenu de les regarder comme supérieures dans l'ordre des sentiments, et je croirais volontiers qu'elles le sont, ne fût-ce que par le sentiment maternel... O ma mère!....

S'il est vrai qu'elles aient moins d'intelligence et plus de cœur, où est l'infériorité de leur nature? J'ai démontré cela en traitant de la nature de l'homme, deuxième question.

CAHIER N° 2. — JOURNAL.

27. *Minuit.*

Quel temps à porter la mort dans l'âme !.... Encore ce soir, j'ai trop lu et trop peu travaillé. Héloïse, sainte Thérèse, divines figures, création sublimes du grand artiste de l'univers !

Des sons lamentables assiégent mon oreille. Ce n'est pas une voix humaine, ce grognement sourd.... Est-ce le bruit d'un métier ?

J'ai ouvert ma fenêtre, malgré le froid, pour essayer de comprendre ce bruit désagréable qui m'eût empêché de dormir si je n'en avais découvert la cause.

J'ai entendu plus distinctement : c'est le son d'un instrument qu'on appelle, je crois, une contre-basse.

La voix plus claire des violons m'a expliqué que cela faisait partie d'un orchestre jouant des contredanses. Il y a des gens qui dansent par un temps pareil ! quand la mort semble planer sur cette ville funeste !

Comme elle est triste, entendue ainsi à distance, et par rafales interrompues, leur musique de fête !

Cette basse, dont la vibration pénètre seule par le courant d'air de ma cheminée, et qui répète à satiété sa lugubre ritournelle, ressemble au gémissement d'une sorcière volant sur mon toit pour rejoindre le sabbat.

Je m'imagine que ce sont des spectres qui dansent ainsi au milieu d'une nuit si noire et si effrayante !

30 Décembre.

Mon travail n'avance pas ; l'isolement me tue. Si j'étais sain de corps et d'esprit, la foi reviendrait. La confiance en Dieu, l'amour de Dieu qui a fait tant de grands saints et de grands esprits, et que ce siècle malheureux ne connaît plus, viendrait jeter la lumière de la synthèse sur les diverses parties de mon œuvre. Oui, je dirais à Dieu :

Tu es souverainement juste, souverainement bon; tu n'as pas pu asservir, dans tes sublimes desseins, l'esclave au maître, le pauvre au riche, le faible au fort, la femme à l'homme par conséquent; et je saurais alors établir ces différences qui marquent les sexes de signes divins, et qui les revêtent de fonctions diverses sans élever l'un au dessus de l'autre dans l'ordre des êtres humains. Mais je ne sais point expliquer ces différences, et je ne suis assez lié avec aucune femme pour qu'elle puisse m'ouvrir son âme et m'éclairer sur ses véritables aptitudes. Étudieraije la femme seulement dans l'histoire? Mais l'histoire n'a enregistré que de puissantes exceptions. Le rôle de la femme du peuple, de la masse féminine, n'a pas d'initiative intellectuelle dans l'histoire.

Depuis huit jours que la boue et le *froid noir* me retiennent prisonnier, je n'ai pas vu d'autre visage féminin que celui de ma vieille portière : serait-ce là une femme? Ce monstre me fait horreur. C'est l'emblème de la cupidité, et pourtant elle est d'une probité à toute épreuve ; mais c'est la probité parcimonieuse des âmes de glace, c'est le respect du tien et du mien poussé jusqu'à la frénésie, jusqu'à l'extravagance.

Etre réduit par la pauvreté à regarder comme un bienfaiteur un être semblable, parce qu'il ne vous prend rien de ce qui n'est pas son salaire !

Mais quelle âpreté au salaire résulte de ce respect fanatique pour la propriété ! Elle ne me volerait pas un centime, mais elle ne ferait point trois pas pour moi sans me les taxer parcimonieusement. Avec quelle cruauté elle retient les nippes des malheureux qui habitent les mansardes voisines lorsqu'ils ne peuvent payer leur terme ! Je sais que cette cruauté lui est commandée ; mais quels sont donc alors les bourreaux qui font payer le loyer de ces demeures maudites? et n'est-il pas honteux qu'on arme ainsi le frère contre le frère, le pauvre contre le pauvre ! Eh quoi ! les riches qui ont tout, qui paient si cher aux étages inférieurs, dans ces riches quartiers, ne suffisent pas pour le revenu de la maison, et on ne peut faire grace au prolétaire qui n'a rien, de cinquante francs par an ! on ne peut pas même le chasser sans le dépouiller !

Ce matin on a saisi les haillons

d'une pauvre ouvrière qui s'enfuyait : un châle qui ne vaut pas cinq francs, une robe qui n'en vaut pas trois! Le froid qui règne n'a pas attendri les exécuteurs. J'ai racheté les haillons de l'infortunée. Mais de quoi sert que quelques êtres sensés aient l'intention de réparer tant de crimes? Ceux-là sont pauvres. Demain, si on fait déloger le vieillard qui demeure à côté de ma cellule, je ne pourrai pas l'assister. Après-demain, si je n'ai pas trouvé de quoi payer mon propre loyer, on me chassera moi-même, et on retiendra mon manteau.

Ce matin, la portière qui range ma chambre m'a dit en m'appelant à la fenêtre :

« Voici madame qui se promène dans son jardin. »

Ce jardin, vaste et magnifique, est séparé par un mur du petit jardin situé au dessous de moi. Les deux maisons, les deux jardins sont la même propriété, et, de la hauteur où je suis logé, je plonge dans l'une comme dans l'autre. J'ai regardé machinalement. J'ai vu une femme qui m'a paru fort belle, quoique très pâle et un peu grasse. Elle traversait lentement une allée sablée pour se rendre à une serre dont j'aperçois les fleurs brillantes, quand un rayon de soleil vient à donner sur le vitrage.

Encore irrité de ce qui venait de se passer, j'ai demandé à la sorcière si sa maîtresse était aussi méchante qu'elle.

« Ma maîtresse? a-t-elle répondu d'un air hautain, elle ne l'est pas : je ne connais que monsieur, je ne sers que *monsieur*.

— Alors c'est monsieur qui est impitoyable ?

— Monsieur ne se mêle de rien; c'est son premier locataire qui commande ici, heureusement pour lui; car monsieur n'entend rien à ses affaires et achèverait de se *faire dévorer.* »

Voilà un homme en grand danger en effet, si mon voisin lui fait banqueroute de vingt francs!

CAHIER N° 1. — TRAVAIL.

...... Je ne puis nier ces différences, bien que je ne les aperçoive pas et qu'il me soit impossible de les constater par ma propre expérience.

L'être moral de la femme diffère du nôtre, à coup sûr, autant que son être physique. Dans le seul fait d'avoir accepté si longtemps et si aveuglément son état de contrainte et d'infériorité sociale, il y a quelque chose de capital qui suppose plus de douceur ou plus de timidité qu'il n'y en a chez l'homme.

Cependant le pauvre aussi, le travailleur sans capital, qui certes n'est pas généralement faible et pusillanime, accepte depuis le commencement des sociétés la domination du riche et du puissant. C'est qu'il n'a pas reçu, plus que la femme, par l'éducation, l'initiation à l'égalité.....

Il y a de mystérieuses et profondes affinités entre ces deux êtres, le pauvre et la femme.

La femme est pauvre sous le régime d'une communauté dont son mari est chef; le pauvre est femme, puisque l'enseignement, le développement, est refusé à son intelligence, et que le cœur seul vit en lui.

Examinons ces rapports profonds et délicats qui me frappent, et qui peuvent me conduire à une solution.

Les voies incidentes sont parfois les plus directes. Recherchons d'abord.

CAHIER N° 2. — JOURNAL.

29.

— J'ai été interrompu ce matin par une scène douloureuse et que j'avais trop prévue. Le vieillard, dont une cloison me sépare, a été sommé, pour la dernière fois, de payer son terme arriéré de deux mois, et la voix discordante de la portière m'a tiré de mes rêveries pour me rejeter dans la vie d'émotion. Ce vieux malheureux demandait grâce.

Il a des neveux assez riches, dit-il, et qui ne le négligeront pas toujours. Il leur a écrit. Ils sont en province, bien loin; mais ils répondront, et il payera si on lui en donne le temps.

Sans avoir de neveux, je suis dans une position analogue. Le notaire qui touche mon mince revenu de campagne m'oublie et me néglige. Il ne le ferait pas si j'étais un meilleur client, si j'avais trente mille livres de rente. Heureusement pour moi, mon loyer n'est pas arriéré; mais je me trouve dans l'impossibilité maintenant de payer celui de mon vieux voisin. J'ai offert d'être sa caution; mais la malheureuse portière, cette triste et laide madame Germain, que la nécessité condamne à faire de sa servitude une tyrannie, a jeté un regard de pitié sur mes pauvres meubles, dont maintes fois elle a dressé l'inventaire dans sa pensée; et d'une voix âpre, avec un regard où la défiance semblait chercher à étouffer un reste de pitié, elle m'a répondu que je n'avais pas un mobilier à répondre pour deux ; et qu'il lui était interdit d'accepter la caution des locataires du cinquième les uns pour les autres. Alors, touché de la situation de mon voisin, j'ai écrit au propriétaire un billet dont j'attache ici le brouillon avec une épingle.

« Madame,

« Il y a dans votre maison de la
« rue de ***, n° 4, un pauvre hom-
« me qui paie quatre-vingt francs
« de loyer, et qu'on va mettre de-
« hors parce que son paiement est
« arriéré de deux mois. Vous êtes

« riche, soyez pitoyable ; ne per-
« mettez pas qu'on jette sur le pavé
« un homme de soixante-quinze ans,
« presque aveugle, qui ne peut plus
« travailler, et qui ne peut même
« pas être admis à un hospice de
« vieillards, faute d'argent et de re-
« commandation. Ou prenez-le sous
« votre protection (les riches ont
« toujours de l'influence), et faites-
« le admettre à l'hôpital, ou accor-
« dez-lui son logement. Si vous ne
« voulez pas, acceptez ma caution
« pour lui. Je ne suis pas riche
« non plus, mais je suis assuré de
« pouvoir acquitter sa dette dans
« quelque temps. Je suis un hon-

« nête homme; ayez un peu de con-
« fiance, si ce n'est un peu de géné-
« rosité.
    « JACQUES LAURENT. »

CAHIER N° 1. — TRAVAIL.

———

Un être qui ne vivrait que par le sentiment, et chez qui l'intelligence serait totalement inculte, totalement inactive, serait, à coup sûr, un être incomplet. Beaucoup de femmes sont probablement dans ce cas. Mais n'est-il pas beaucoup d'hommes en qui le travail du cerveau a totalement atrophié les facultés aimantes? La plupart des savants, ou seulement des hommes adonnés à des professions purement lucratives, à la chicane, à la politique ambitieuse, beaucoup d'artistes, de gens de lettres, ne sont-ils pas dans le même cas? Ce sont des êtres incomplets, et, j'ose le dire, le plus fâcheusement, plus dangereusement incomplets de tous! Or donc, l'induction des pédants, qui concluent de l'inaction sociale apparente de la femme, qu'elle est d'une nature inférieure, est d'un raisonnement......

CAHIER N° 2. — JOURNAL

                              30 décembre.

Absurde ! Évidemment je l'ai été. Ces valets m'auront pris pour un galant de mauvaise compagnie, qui venait risquer quelque insolente déclaration d'amour à la dame du logis. Vraiment, cela me va bien ! Mais je n'en ai pas moins été d'une simplicité extrême avec mes bonnes intentions. La dame m'a paru belle quand je l'ai aperçue dans son jardin. Son mari est jaloux, je vois ce que c'est... Ou peut-être ce propriétaire n'est-il pas un mari, mais un frère. Le concierge souriait dédaigneusement quand je lui demandais à parler à madame la comtesse ; et cette soubrette qui m'a repoussé de l'antichambre avec de grands airs de prude... Il y avait un air de mystère dans ce pavillon entre cour et jardin, dont j'ai à peine eu le temps de contempler le péristyle, quelque chose de noble et de triste comme serait l'asile d'une âme souffrante et fière... Je ne sais pourquoi je m'imagine que la femme qui demeure là n'est pas complice des crimes de la richesse. Illusion peut-être ! N'importe, un vague instinct me pousse à mettre sous sa protection le malheureux vieillard que je ne puis sauver moi-même.

31 janvier.

Je ne sais pas si j'ai fait une nouvelle maladresse, mais j'ai risqué, hier, un grand moyen. Au moment où j'allais fermer ma fenêtre, par laquelle entrait un doux rayon de soleil, le seul qui ait paru depuis quatre mortels jours, j'ai jeté les yeux sur le jardin voisin et j'y ai vu mon *innominata*. Avec son manteau de velours noir doublé d'hermine, elle m'a paru encore plus belle que la première fois. Elle marchait lentement dans l'allée, abritée du vent d'est par le mur qui sépare les deux jardins. Elle était seule avec un charmant lévrier gris de perle. Alors j'ai fait un coup de tête! J'ai pris mon billet, je l'ai attaché à une bûchette de mon poêle et je l'ai adroitement lancé, ou plutôt laissé tomber aux pieds de la dame, car ma fenêtre est la dernière de la maison, de ce côté. Elle a relevé la tête sans marquer trop d'effroi ni d'étonnement. Heureusement j'avais eu la présence d'esprit de me retirer avant que mon projectile fût arrivé à terre, et j'observais, caché derrière mon rideau. La dame a tourné le dos sans daigner ramasser le billet. Certainement elle a déjà reçu des missives d'amour envoyées furtivement par tous les moyens possibles, et elle a cru savoir ce que pouvait contenir la mienne. Elle y a donc donné cette marque de mépris, de la laisser par terre. Mais heureusement son chien a été moins collet-monté; il a ramassé mon placet et il l'a porté à sa maîtresse en remuant la queue d'un air de triomphe. On eût dit qu'il avait le sentiment de faire une bonne action, le pauvre animal! La dame ne s'est pas laissé attendrir. « Laissez cela, Fly, lui a-t-elle dit d'une voix douce, mais dont je n'ai rien perdu. Laissez-moi tranquille ! » Puis elle a disparu au bout de l'allée, sous des arbres verts. Mais le chien l'y a suivie, tenant toujours mon envoi par un bout du bâton, avec beaucoup d'adresse et de propreté. La curiosité aura peut-être décidé la dame à examiner mon style, quand elle aura pu se satisfaire sans déroger à la prudence. Quand ce ne serait que pour rire d'un sot amoureux, plaisir dont les femmes, dit-on, sont friandes! Espérons! Pourtant je ne vois rien venir depuis hier. Mon pauvre voisin! je ne te laisserai pas chasser, quand même je devrais mettre mon *Origène* ou mon *Bayle* en gage.

Mais aussi quelle idée saugrenue m'a donc passé par la tête, d'écrire à la femme plutôt qu'au mari? Je l'ai fait sans réflexion, sans me rappeler que le mari est le chef de la communauté, c'est-à-dire le maître, et que la femme n'a ni le droit, ni le pouvoir de faire l'aumône. Eh! c'est précisément cela qui m'aura poussé, sans que j'en aie eu conscience, à faire appel au bon cœur de la femme !

CAHIER N° 1. — TRAVAIL.

L'éducation pourrait amener de tels résultats, que les aptitudes de l'un et de l'autre sexe fussent complétement modifiées.

CAHIER N° 2. — JOURNAL.

J'ai été interrompu par l'arrivée d'un joli enfant de douze ou quatorze ans, équipé en jockey.

« Monsieur, m'a-t-il dit, je viens

de la part de *Madame*, pour vous dire bien des choses.

— Bien des choses? Assieds-toi là, mon enfant, et parle.

— Oh! je ne me permettrai pas de m'asseoir! Ça ne se doit pas.

— Tu te trompes; tu es ici chez ton égal, car je suis domestique aussi.

— Ah! ah! vous êtes domestique? De qui donc?

— De moi-même. »

L'enfant s'est mis à rire, et, s'asseyant près du feu :

« Tenez, monsieur, m'a-t-il dit en exhibant une lettre cachetée, à mon adresse, voilà ce que c'est. »

J'ai ouvert et j'ai trouvé un billet de banque de mille francs.

« Qu'est-ce que cela, mon ami? et que veut-on que j'en fasse?

— Monsieur, c'est de l'argent pour ces malheureux locataires du cinquième, que madame vous charge de secourir quand ils ne pourront pas payer.

— Ainsi madame me prend pour son aumônier? C'est très beau de sa part; mais j'aime beaucoup mieux qu'elle donne des ordres pour qu'on laisse ces malheureux tranquilles.

— Oh! ça ne se fait pas comme vous croyez! Madame ne donne pas d'ordres dans la maison. Ça ne la regarde pas du tout. Monsieur le comte lui-même n'a rien à voir dans les affaires du régisseur. D'ailleurs, madame craint tant d'avoir l'air de se mêler de quelque chose, qu'elle vous prie de ne pas parler du tout de ce qu'elle fait pour vos voisins.

— Elle veut que sa main gauche ignore ce que fait sa main droite? Tu lui diras de ma part qu'elle est grande et bonne.

— Oh! pour ça, c'est vrai. C'est une bonne maîtresse, celle-là. Elle ne se fâche jamais, et elle donne beaucoup. Mais savez-vous, monsieur, que c'est moi qui suis cause que Fly n'a pas mangé votre billet?

— En vérité?

— Vrai d'honneur! Madame était rentrée pour recevoir une visite. Elle n'avait pas fait attention que le chien tenait quelque chose dans sa gueule. Moi, en jouant avec lui, j'ai vu qu'il était en colère de ce qu'on ne lui faisait pas de compliment; car lorsqu'il rapporte quelque chose, il n'aime pas qu'on refuse de le prendre. Il commençait donc à ronger le bois et à déchirer le papier. Alors je le lui ai ôté; j'ai vu ce que c'était, et je l'ai porté à madame aussitôt qu'elle a été seule. Elle ne voulait pas le prendre.

— Mets cela au feu, qu'elle disait, c'est quelque sottise.

— Non, non, madame, *c'est des malheureux.*

— Tu l'as donc lu?

— Dam, madame, que j'ai fait, Fly l'avait décacheté, et ça traînait.

— Tu as bien fait, petit, qu'elle m'a dit après qu'elle a eu regardé votre lettre, et pour te récompenser, c'est toi que je charge d'aller aux informations. Si l'histoire est vraie, c'est toi qui porteras ma réponse et qui expliqueras mes intentions; et puis, attends, qu'elle m'a dit encore : tu diras à ce M. Jacques Laurent que je le remercie de sa lete, mais qu'il aurait bien pu l'envoyer plus raisonnablement que par sa fenêtre.

Là-dessus, j'ai expliqué au jockey l'inutilité de ma démarche d'hier et l'urgence de la position. Il m'a promis d'en rendre compte.

J'ai bien vite porté un raisonnable secours au vieillard. En apprenant la générosité de sa bienfaitrice, il a été touché jusqu'aux larmes.

« Est-ce possible, s'est-il écrié, qu'une âme si tendre et si délicate soit calomniée par de vils serviteurs !

— Comment cela?

— Il n'y a pas d'infamies que cette ignoble portière n'ai voulu me débiter sur son compte ; mais je ne veux pas même les répéter. Je ne pourrais d'ailleurs plus m'en souvenir.

CAHIER N° 1. — TRAVAIL.

La bonté des femmes est immense. D'où vient donc que la bonté n'a pas de droits à l'action sociale en législation et en politique?

CAHIER N° 2. — JOURNAL.

1ᵉʳ *Janvier.*

— Il est étrange que je ne puisse plus travailler. Je suis tout ému depuis quelques jours, et je rêve au lieu de méditer. Je croyais qu'un temps plus doux, un ciel plus clair me rendraient plus laborieux et plus lucide. Je ne suis plus abattu comme je l'étais ; au contraire, je me sens un peu agité ; mais la plume me tombe des mains quand je veux généraliser les émotions de mon cœur. O puissance de la douceur et de la bonté, que tu es pénétrante! Oui, c'est toi, et non, l'intelligence, qui devrais gouverner le monde!

Je ne m'étais jamais aperçu combien ce jardin, qui est sous ma fenêtre, est joli. Un jardin clos de grands murs et flétri par l'hiver ne me paraissait susceptible d'aucun charme, lorsqu'au milieu de l'automne j'ai quitté les vastes horizons bleus et la végétation empourprée de ma vallée. Cependant il y a de la poésie dans ces retraites bocagères que le riche sait créer au sein du tumulte des villes, je le reconnais aujourd'hui. Les plantes ici ont un aspect et des caractères propres au terrain chaud et à l'air rare où elles végètent, comme les enfants des riches élevés dans cette atmosphère lourde avec une nourriture substantielle, ont aussi une physionomie qui leur est particulière. J'ai été déjà frappé de ce rapport. Les arbres des jardins de Paris acquièrent vite un développement extrême. Ils poussent en hauteur, ils ont beaucoup de feuillage, mais la tige est parfois d'une ténuité effrayante. Leur santé est plus apparente que réelle. Un coup de vent d'est les dessèche au milieu de leur splendeur, et, en tous cas, ils arrivent vite à la décrépitude. Il en est de même des hommes nourris et enfermés dans cette vaste cité. Je ne parle pas de ceux dont la misère étouffe le développement. Hélas! c'est le grand nombre; mais ceux-là n'ont de commun avec les plantes que la souffrance de la captivité. Les soins leur manquent, et ils arrivent rarement à cette trompeuse beauté qui est chez l'enfant du riche, comme dans la plante de son jardin, le résultat d'une culture exagérée et d'une éclosion forcée. Ces enfants-là sont généralement beaux, leur pâleur est intelligente, leur langueur gracieuse. Ils sont, à dix ans, plus grands et plus hardis que nos paysans ne le sont à quinze; mais ils sont plus grêles, plus sujets aux maladies inflammatoires, et la vieillesse se fait vite pour eux comme la nuit sur les dômes élevés, et sur les cimes altières des beaux arbres de cette Babylone.

Il y a donc ici partout, et dans les jardins particulièrement, une apparence de vie qui étonne, et dont l'excès effraye l'imagination. Nulle part au monde il n'y a, je crois, de plus belles fleurs. Les terrains sont si bien engraissés, et abrités par tant de murailles, l'air est chargé de tant de vapeurs, que la gelée les atteint peu. Les jardiniers excellent dans l'art de disposer les massifs. Ce n'est plus la symétrie de nos pères, ce n'est pas le désordre et le hasard des accidents naturels; c'est quelque chose entre les deux, une propreté extrême jointe à un laisser-aller charmant. On sait tirer parti du moindre coin, et ménager une promenade facile dans des allées sinueuses sur un espace de cinquante pieds carrés.

Celui de la maison que j'habite est fort négligé et comme abandonné depuis l'été. On fait de grandes réparations au rez-de-chaussée ; on change, je crois, la disposition de l'appartement qui commande à ce jardin. Les travaux sont interrompus en ce moment-ci, j'ignore pourquoi. Mais je n'entends plus le bruit des ouvriers, et le jardin est continuellement désert. Je le regarde souvent, et j'y découvre mille secrètes beautés que je ne soupçonnais pas, quelque chose de mystérieux, une solennité vraiment triste et douce, quand la vapeur blanche du soir nage autour de ces troncs noirs et lisses que la mousse n'insulte jamais. Les herbes sauvages, l'euphorbe, l'héliotrope d'hiver, et jusqu'au chardon rustique ont déjà envahi les plates-bandes. Le feuillage écarlate du sumac lutte contre les frimas; l'arbuste chargé de perles blanches et dépouillé de feuilles, ressemble à un bijou de joaillerie, et la rose du Bengale s'entrouve gaîment et sans crainte au milieu des morsures du verglas.

Ce matin j'ai remarqué qu'on avait enlevé les portes du rez-de-chaussée, et qu'on pouvait traverser ce local en décombres pour arriver au jardin. Je l'ai fait machinalement, et j'ai pénétré dans cet Eden solitaire où les bruits des rues voisines arrivent à peine. Je pensais à ces vers de Boileau sur les aises du riche citadin :

Il peut, dans son jardin tout peuplé d'arbres verts
Retrouver les étés au milieu des hivers,
Et foulant le parfum de ses plantes chéries,
Aller entretenir ses douces rêveries.

Et j'ajoutais en souriant sans jalousie :

Mais moi, grâce au destin, qui n'ai ni feu ni lieu,
Je me loge où je puis et comme il plaît à Dieu.

Je venais de faire le tour de cet

enclos, non sans effaroucher les merles qui pullulent dans les jardins de Paris et qui se levaient en foule à mon approche, lorsque j'ai trouvé, le long du mur mitoyen, une petite porte ouverte, donnant sur le grand jardin de ma riche voisine. Il y avait là une brouette en travers, et tout à côté un jardinier qui achevait de charger pour venir jeter dans l'enclos abandonné les cailloux et les branches mortes de l'autre jardin. Je suis entré en conversation avec cet homme sur la taille des gazons, puis sur celle des arbres, puis sur l'art de greffer. Leurs procédés ici sont d'une hardiesse rare. Ils taillent, plantent et sèment presque en toute saison. Ce jardinier aimait à se faire écouter ; mon attention lui plaisait ; il a fait un peu le pédant, et l'entretien s'est prolongé, je ne sais comment, jusqu'à ce que mon petit ami le jockey soit venu s'en mêler. Le beau lévrier, Fly, s'est mis aussi de la partie ; il est entré curieusement dans le jardin de mon côté, et après m'avoir flairé avec méfiance, il a consenti à rapporter des branches que je lui jetais. Je sentais vaguement que *Madame* n'était pas loin, et j'avais grande envie de la voir. Mais je n'osais dépasser le seuil de mon enclos, bien que l'enfant m'invitât à jeter un coup-d'œil sur le beau jardin et à m'avancer jusque dans l'allée. Le drôle me faisait les honneurs de ce paradis pour me remercier apparemment de lui avoir fait ceux d'une chaise dans ma mansarde. Il m'a pris en amitié pour cela, et, après tout, c'est un enfant intelligent et bon, que la servitude n'a pas encore dépravé; il a été plus sensible, je le vois, à un témoignage de fraternité, qu'il ne l'eût été peut-être à une gratification que je ne pouvais lui donner.

« Entrez donc, monsieur Jacques, me disait-il, madame ne grondera pas, vous verrez comme c'est beau ici, et comme Ely court vite dans la grande allée.

Tout-à-coup *Madame* sort d'un sentier ombragé et se présente à dix pas devant moi. L'enfant court à elle avec la confiance qu'un fils aurait témoignée à sa mère. Cela m'a touché.

« Tenez, madame, criait-il, c'est M. Jacques Laurent qui n'ose pas entrer pour voir le jardin. N'est-ce pas que vous voulez bien ? »

Madame approche avec une gracieuse lenteur.

« Il paraît que monsieur est un

amateur, ajoute le jardinier. Il entend fameusement l'horticulture. »

Le brave homme se contentait de peu. Il avait pris ma patience à l'écouter pour une grande preuve de savoir.

« Monsieur Laurent, dit la dame, je suis fort aise de vous rencontrer. Entrez, je vous en prie, et promenez-vous tant que vous voudrez.

— Madame, vous êtes mille fois trop bonne; mais je n'ai pas eu l'indiscrétion d'en exprimer le désir. C'est cet enfant qui, par bon cœur, me l'a proposé.

— Mon Dieu, reprend-elle, un grand jardin à Paris est une chose agréable et précieuse. J'ai appris que vous sortiez rarement de votre appartement, et que vous passiez une partie des nuits à travailler. Je dispose de cet endroit-ci, je serai charmée que vous y trouviez un peu d'air et d'espace. Profitez de l'occasion, vous ajouterez à la gratitude que je vous dois déjà. »

Et, me saluant avec un charme indicible, elle s'est éloignée.

Je me suis alors promené partout le jardin. Elle n'y était plus. Le jokey et le jardinier m'ont conduit dans la serre. C'est un lieu de délices, quoique dans un fort petit local. Une fontaine de marbre blanc est au milieu tout ombragée des grandes feuilles du bananier, toute tapissée des festons charmants des plantes grimpantes. Une douce chaleur y règne, des oiseaux exotiques babillent dans une cage dorée, et de mignons rouge-gorges se sont volontairement installés dans ce boudoir parfumé, dont ils ne cherchent pas à sortir quand on ouvre les vitraux. Quel goût et quelle coquetterie dans l'arrangement de ces purs camélias et de ces cactus étincelants! Quels mimosas splendides, quels gardénias embaumés! Le jardinier avait raison d'être fier. Ces gradins de plantes dont on n'aperçoit que les fleurs, et qui forment des allées; cette voûte de guirlandes sous un dôme de cristal, ces jolies corbeilles suspendues, d'où pendent des plantes étranges d'une végétation aérienne, tout cela est ravissant. Il y avait un coussin de velours bleu céleste sur le banc de marbre blanc, à côté de la cuve que traverse un filet d'eau murmurante. Un livre était posé sur le bord de cette cuve. Je n'ai pas osé y toucher, mais je me suis penché de côté pour regarder le titre. C'était le *Contrat-social*.

« C'est le livre de madame, a dit l'enfant; elle l'a oublié. C'est là sa place, c'est là qu'elle vient lire toute seule, bien longtemps tous les jours.

— C'est peut-être ma présence qui l'en chasse, je vais me retirer. »

Et j'allais le faire, lorsque, pour la seconde fois, elle m'est apparue. Le jardinier s'est éloigné par respect, le jockey pour courir après Fly, et la conversation s'est engagée entre elle et moi, si naturellement, si facilement, qu'on eût dit que nous étions d'anciennes connaissances. Les manières et le langage de cette femme sont d'une élégance et en même temps d'une simplicité incomparables. Elle doit être d'une naissance illustre, l'antique majesté patricienne réside sur son front, et la noblesse de ses manières atteste les habitudes du plus grand monde. Du moins de ce grand monde d'autrefois, où l'on dit que l'extrême bon ton était l'aisance, la bienveillance et le don de mettre les autres à l'aise. Pourtant je n'y étais pas complétement d'abord; je craignais d'avoir bientôt, malgré toute cette grâce, ma dignité à sauver de quelque essai de protection. Mais ce reste de rancune contre sa race me rendait injuste. Cette femme est au-dessus de toute grandeur fortuite, comme de toute faveur d'hérédité. Ce qu'elle inspire d'abord, c'est le respect, et bientôt après, c'est la confiance et l'affection, sans que le respect diminue.

« Ce lieu-ci vous plaît, m'a-t-elle dit ; hélas ! je voudrais être libre de le donner à quelqu'un qui sût en profiter. Quant à moi, j'y viens en vain chercher le ravissement qu'il vous inspire. On me conseille, pour ma santé, d'en respirer l'air, et je n'y respire que la tristesse.

— Est-il possible?... Et pourtant c'est vrai! ai-je ajouté en regardant son visage pâle et ses beaux yeux fatigués. Vous n'êtes pas bien portante, et vous n'avez pas de bonheur.

— Du bonheur, monsieur! Qui peut être riche ou pauvre et se dire heureux! Pauvre on a des privations; riche on a des remords. Voyez ce luxe, songez à ce que cela coûte, et sur combien de misères ces délices sont prélevées!

— Vrai, madame, vous songez à cela?

— Je ne pense pas à autre chose, monsieur. J'ai connu la misère, et je n'ai pas oublié qu'elle existe. Ne me faites pas l'injure de croire que je jouisse de l'existence que je mène;

elle m'est imposée, mais mon cœur ne vit pas de ces choses-là.

— Votre cœur est admirable!...

— Ne croyez pas cela non plus, vous me feriez trop d'honneur. J'ai été enivrée quand j'étais plus jeune. Ma mollesse et mon goût pour les belles choses combattaient mes remords et les étouffaient quelquefois. Mais ces jouissances impies portent leur châtiment avec elles. L'ennui, la satiété, un dégoût mortel sont venus peu à peu les flétrir : maintenant je les déteste et je les subis comme un supplice, comme une expiation. »

Elle m'a dit encore beaucoup d'autres choses admirables, que je ne saurais transcrire comme elle les a dites. Je craindrais de les gâter, et puis je me suis senti si ému, que les larmes m'ont gagné. Il me semblait que je contemplais un fait miraculeux. Une femme opulente et belle, reniant les faux biens et parlant comme une sainte ! J'étais bouleversé. Elle a vu mon émotion, elle m'en a su gré.

« Je vous connais à peine, m'a-t-elle dit, et pourtant je vous parle comme je ne pourrais et je ne voudrais parler à aucune autre personne, parce que je sens que vous seul comprenez ce que je pense. »

Pour faire diversion à mon attendrissement, qui devenait excessif, elle m'a parlé du livre qu'elle tenait à la main.

« Il n'a pas compris les femmes, ce sublime Rousseau, disait-elle. Il n'a pas su, malgré sa bonne volonté et ses bonnes intentions, en faire autre chose que des êtres secondaires dans la société. Il leur a laissé l'ancienne religion dont il affranchissait les hommes; il n'a pas prévu qu'elles auraient besoin de la même foi et de la même morale que leurs pères, leurs époux et leurs fils, et qu'elles se sentiraient avilies d'avoir un autre temple et une autre doctrine. Il a fait des nourrices croyant faire des mères. Il a pris le sein maternel pour l'âme génératrice. Le plus spiritualiste des philosophes du siècle dernier a été matérialiste sur la question des femmes. »

Frappé du rapport de ses idées avec les miennes, je l'ai fait parler beaucoup sur ce sujet. Je lui ai confié le plan de mon livre, et elle m'a prié de le lui faire lire quand il serait terminé ; mais j'ai ajouté que je ne le finirais jamais, si ce n'est sous son inspiration : car je crois qu'elle en sait beaucoup plus que moi. Nous avons causé plus d'une heure, et la nuit nous a séparés. Elle m'a fait promettre de revenir souvent. J'aurais voulu y retourner aujourd'hui; je n'ai pas osé; mais j'irai demain si la porte de ce malheureux rez-de-chaussée n'est pas replacée, et si madame Germain ne me suscite pas quelque persécution pour m'interdire l'accès du jardin. Quel malheur pour moi et pour mon livre, si, au moment où la Providence me fait rencontrer un interprète divin si compétent sur la question qui m'occupe, un type de femme si parfait à étudier pour moi qui ne connais pas du tout les femmes!... Oh! oui! quel malheur, si le caprice d'une servante m'en faisait perdre l'occasion! car cette dame m'oubliera si je ne me montre pas; elle ne m'appellera pas ostensiblement chez elle, si son mari est jaloux et despote, comme je le crois ! Et d'ailleurs que suis-je pour qu'elle songe à moi ?

CAHIER N° 1. — TRAVAIL.

L'homme est un insensé, un scélérat, un lâche quand il calomnie l'être divin associé à sa destinée. La femme...

CAHIER N° 2. — JOURNAL.

Huit Janvier.

Je suis retourné déjà deux fois, et j'ai réussi à n'être pas aperçu de madame Germain. C'est plus facile que je ne pensais. Il y a une petite porte de dégagement au rez-de-chaussée, donnant sur un palier qui n'est point exposé aux regards de la loge. Toute l'affaire est de me glisser là sans éveiller l'attention de personne; l'appartement est toujours en décombres, le jardin désert. La porte du mur mitoyen ne se trouve jamais fermée en dehors à l'heure où je m'y présente; je n'ai qu'à la pousser et je me trouve seul dans le jardin de ma voisine. Toujours muni d'un livre de botanique, je m'introduis dans la serre. Le jardinier et le jockei me prennent pour un lourd savant, et m'accueillent avec toutes sortes d'égards. Quand madame n'est pas là elle y arrive bientôt, et alors nous causons deux heures au moins, deux heures qui passent pour moi comme le vol d'une flèche. Cette femme est un ange ! On en deviendrait passionnément épris si l'on pouvait éprouver en sa présence un autre sentiment que la vénération. Jamais âme plus pure et plus généreuse ne sortit des mains du créateur ; jamais intelligence plus droite, plus claire, plus ingénieuse et plus logique n'habita un cerveau humain. Elle a la véritable instruction ; sans aucun pédantisme, elle est compétente sur tous les points. Si elle n'a pas tout lu, elle a du moins tout compris. Oh !

la lumière émane d'elle, et je deviens plus sage, plus juste, je deviens véritablement meilleur, en l'écoutant. J'ai le cœur si rempli, l'âme si occupée de ses enseignements, que je ne puis plus travailler; je sens que je n'ai plus rien en moi qui ne me vienne d'elle, et qu'avant de transcrire les idées qu'elle me suggère il faut que je m'en pénètre en l'écoutant encore, en rêvant à ce que j'ai déjà entendu.

Je n'ai songé à m'informer ni de sa position à l'égard du monde, ni des circonstances de sa vie privée; ni même du nom qu'elle porte, je sais seulement qu'elle s'appelle Julie, comme l'amante de Saint-Preux. Que m'importe tout le reste, tout ce qui n'est pas vraiment elle-même? J'en sais plus long sur son compte que tous ceux qui la fréquentent; je connais son âme, et je vois bien à ses discours et à ses nobles plaintes, que nul autre que moi ne l'apprécie. Une telle femme n'a pas sa place dans la société présente, et il n'y en a pas d'assez élevée pour elle. Oh! du moins elle aura dans mon cœur et dans mes pensées celle qui lui convient! Depuis huit jours je me suis tellement réconcilié avec ma solitude, que je m'y suis retranché comme dans une citadelle; je ne regarde même plus la femme ignoble qui me sert, de peur de reposer ma vue sur la laideur moral et physique, et de perdre le rayon divin dont s'illumine autour de moi le monde idéal. Je voudrais ne plus entendre le son de la voix humaine, ne plus aspirer l'air vital, hors des heures que je ne puis passer auprès d'elle. Oh! Julie! je me croyais philosophe, je me croyais juste, je me croyais homme, et je ne vous avais pas rencontrée!

CAHIER N° 1. — TRAVAIL.

DE L'AMOUR.

CAHIER N° 2. — JOURNAL.

Quinze Janvier.

Je ne croyais pas qu'un homme aussi simple et aussi retiré que moi dût jamais connaître les aventures, et pourtant en voici deux fort étranges qui m'arrivent en peu de jours, si toutefois je puis appeler du nom léger d'*aventure* ma rencontre romanesque et providentielle avec l'admirable Julie.

Hier soir, j'avais été appelé pour une affaire à la Chaussée-d'Antin, et je revenais assez tard. J'étais entré, chemin faisant, dans un cabinet de lecture pour feuilleter un ouvrage nouveau, dont le titre exposé à la devanture m'avait frappé. Je m'étais oublié là à parcourir plusieurs autres ouvrages assez frivoles, dans lesquels j'étudiais avec une triste curiosité les tendances littéraires du moment; si bien que minuit sonnait quand je me suis trouvé devant l'Opéra. C'était l'ouverture du bal, et, ralentissant ma marche, j'observais avec étonnement cette foule de masques noirs, de personnages noirs, hommes et femmes qui se pressaient pour entrer. Il y avait quelque chose de lugubre dans cette procession de spectres qui couraient à une fête, en vêtements de deuil. (1).

Heurté et emporté par une rafale tumultueuse de ces êtres bizarres, je

(1) Le journal de Jacques Laurent est daté de 183*, époque à laquelle les dominos étaient seuls admis au bal de l'Opéra. On n'y dansait pas.

me sens saisir le bras, et la voix déguisée d'une femme me dit à l'oreille : « On me suit. Je crains d'avoir été reconnue. Prêtez-moi le bras, pour entrer ; cela donnera le change à un homme qui me persécute. — Je veux bien vous rendre ce service, ai-je répondu, bien que je n'entende rien à ces sortes de jeux. — Ce n'est pas un jeu, reprit le domino noir à nœuds roses, qui s'attachait à mon bras et qui m'entraînait rapidement vers l'escalier ; je cours de grands dangers. Sauvez-moi. »

J'étais fort embarrassé ; je n'osais refuser, et pourtant je savais qu'il fallait payer pour entrer. Je craignais de n'avoir pas de quoi ; mais nous passâmes si vite devant le bureau, que je n'eus pas même le temps de voir comment j'étais admis. Je crois que le domino paya lestement, pour deux sans me consulter. Il me poussa avec impétuosité au moment où j'hésitais, et nous nous trouvâmes à l'entrée de la salle avant que j'eusse eu le temps de me reconnaître.

L'aspect de cette salle immense, magnifiquement éclairée, les sons bruyants de l'orchestre, cette fourmilière noire qui se répandait comme de sombres flots, dans toutes les parties de l'édifice, en bas, en haut, autour de moi ; les propos incisifs qui se croisaient à mes oreilles, tous ces bouquets, tous ces masques semblables, toutes ces voix flûtées qui s'imitent tellement les unes des autres, qu'on dirait le même être mille fois répété dans des manifestations identiques ; enfin cette cohue triste et agitée, tout cela me causa un instant de vertige et d'effroi. Je regardai ma compagne. Son œil noir et brillant à travers les trous de son masque, sa taille informe sous cet affreux domino qui fait d'une femme un moine, me firent véritablement peur, et je fus saisi d'un frisson involontaire. Je croyais être la proie d'un rêve, et j'attendais avec terreur quelque transformation plus hideuse encore, quelque bacchanale diabolique.

Nous avions apparemment échappé au danger réel ou imaginaire qui me procurait l'honneur de l'accompagner, car elle paraissait plus tranquille, et elle me dit d'un ton railleur : « Tu fais une drôle de mine, mon pauvre chevalier. Vraiment, tu es le chevalier de la triste figure ! »

— Vous devez avoir furieusement raison, beau masque, lui répondis-je, car, grâce à vous, c'est la première fois que je me trouve à pareille fête. Maintenant vous n'avez plus besoin de moi, permettez-moi de vous souhaiter beaucoup de plaisir et d'aller à mes affaires.

— Non pas, dit-elle, tu ne me quitteras pas encore, tu m'amuses.

— Grand merci, mais...

— Je dirai plus, tu m'intéresses. Allons, ne fais pas le cruel, et crains d'être ridicule. Si tu me connaissais, tu ne serais pas fâché de l'aventure.

— Je ne suis pas curieux, permettez que je...

— Mon pauvre Jacques, tu es d'une pruderie révoltante. Cela prouve un amour-propre insensé. Tu crois donc que je te fais la cour? Commence par t'ôter cela de l'esprit, toi qui en as tant ! Je ne suis pas éprise de toi, le moins du monde, quoique tu sois trop joli garçon pour un pédant !

— A ce dernier mot, je vois bien que j'ai l'honneur d'être parfaitement connu de vous.

— Voilà de la modestie, à la bonne heure ! Certes, je te connais, et je sais ton goût pour la botanique. Ne t'ai-je pas vu entrer dans une certaine serre où, depuis quinze jours, tu étudies le camélia avec passion ?

— Qu'y trouvez-vous à redire ?

— Rien. La dame du logis encore moins, à ce qu'il paraît ?

— Vous êtes sans doute sa femme de chambre ?

— Non, mais son amie intime.

— Je n'en crois rien. Vous parlez comme une soubrette et non pas comme une amie.

— Tu es grossier, chevalier discourtois ! Tu ne connais pas les lois du bal masqué qui permettent de médire des gens qu'on aime le mieux.

— Ce sont de fâcheux et stupides usages.

— Ta colère me divertit. Mais sais-tu ce que j'en conclus ?

— Voyons !

— C'est que tu voudrais, en jouant la colère, me faire croire qu'il y a quelque chose de plus sérieux entre cette dame et toi, que des leçons de botanique.

— Sérieux? Oui, sans doute, rien n'est plus sérieux que le respect que je lui porte.

— Ah! tu la crois donc bien vertueuse?

— Tellement, que je ne puis souffrir d'entendre parler d'elle en ce lieu, et d'en parler moi-même à une personne que je ne connais pas, et qui...

— Achève! « Et dont tu n'as pas très bonne opinion jusqu'à présent?»

— Que vous importe, puisque vous

venez ici pour provoquer et braver la liberté des paroles?

— Tu es fort aigre. Je vois bien que tu es amoureux de la dame aux camélias. Mais n'en parlons plus. Il n'y a pas de mal à cela, et je ne trouverais pas mauvais qu'elle te payât de retour. Tu n'es pas mal, et tu ne manques pas d'esprit; tu n'as ni réputation, ni fortune, c'est encore mieux. Je pardonnerais à cette femme toutes les folies de sa jeunesse, si elle pouvait sur *ses vieux jours*, aimer un homme raisonnable pour lui-même et s'attacher à lui sérieusement.

— Vous, vous êtes ma mie, une fille suivante,
Un peu trop forte en gueule et forte impertinente.

Le domino provocateur ne fit que rire de la citation ; mais changeant bientôt de ton et de tactique : « Ton courroux me plaît, dit-elle, et me donne une excellente opinion de toi. Sache donc que tout ceci était une épreuve ; que j'aime trop Julie pour l'attaquer sérieusement, et qu'elle saura demain combien tu es digne de l'honnête amitié qu'elle a pour ton personnage flegmatique, philosophique et botanique. Je veux que nous fassions connaissance chez elle à visage découvert, et que la paix soit

signée entre nous sous ses auspices.
Allons, viens t'asseoir avec moi sur
un banc. Je suis déjà fatiguée de marcher, et mon envie de rire se passe.
Julie prétend que tu es un grand philosophe, je serais bien aise d'en profiter.

Soit faiblesse, soit curiosité, soit
un vague prestige qui, de Julie, se
reflétait à mes yeux sur cette femme
légère, comme la brillante lueur de
l'astre sur quelque obscur satellite, je
la suivis, et bientôt nous nous trouvâmes dans une loge du quatrième
rang, assis tellement au-dessus de la
foule, que sa clameur ne nous arrivait
plus que comme une seule voix, et que

nous étions comme isolés à l'abri de toute surveillance et de toute distraction. *Elle* commença alors des discours étranges où le plus énergique enivrement se mêlait à la plus adroite réserve; elle paraissait continuer l'entretien piquant que nous avions commencé en bas, ou du moins passer naturellement de ce fait particulier à une théorie générale sur l'amour. Et comme il me semblait que c'était ou une provocation directe, ou le désir de m'arracher par surprise quelque secret de cœur relatif à Julie, je me tenais sur mes gardes. Mais elle se railla de ma prudence, et après avoir finement fustigé la présomption qu'elle m'attribuait dans les deux cas, elle me força à ne voir dans ses discours qu'une provocation à des théories sérieuses de ma part sur la question brûlante qu'elle agitait. J'étais scandalisé d'abord de cette facilité sans retenue et sans fierté, à soulever devant moi le voile sacré à travers lequel j'ai à peine osé jusqu'ici interrogé le cœur des femmes; mais son esprit souple et fécond, une sorte d'éloquence fiévreuse qu'elle possède, réussirent peu à peu à me captiver. Après tout, me disais-je, voici une excellente occasion d'étudier un nouveau type de femme, qui, dans sa fougue audacieuse, m'est tout aussi inconnu que me l'était il y a peu de jours, le calme divin de Julie. Voyons à quelle distance de l'homme peut s'élever ou s'abaisser la puissance de ce sexe!

« Allons, me disait-elle, réponds, mon pauvre philosophe! n'as-tu donc rien à m'enseigner? Je t'ai attiré ici pour m'instruire. Moralise-moi si tu peux. De quoi veux-tu parler au bal masqué avec une femme, si ce n'est d'amour? Eh bien! prononce-toi, admets ou réfute mes objections. Que feras-tu de la passion dans ta république idéale? Dans quelle série de mérites rangeras-tu la pécheresse qui a beaucoup aimé? Sera-ce au-dessous, ou au-dessus, ou simplement à côté de la vierge qui n'a point aimé encore, ou de la matrone à qui les soins vertueux du ménage n'ont pas permis d'être aimable et, par conséquent, d'être émue et enivrée de l'amour d'un homme? Voueras-tu un culte exclusif à ces fleurs sans parfum et sans éclat qui végètent à l'ombre, et qui, ne connaissant pas le soleil, croient que le soleil est l'ennemi de la vie? Je sais que tu adores le camélia; apparemment tu méprises la rose?

— La rose est enivrante, répondis-je, mais elle ne vit qu'un instant. Je voudrais lui donner la persistance et la durée du camélia blanc, symbole de pureté.

— C'est cela, tu voudrais lui enlever sa couleur et son parfum, et tu oserais dire aux jardiniers de ton espèce : « Voyez, chers cuistres, mes frères, quel beau monstre vient d'éclore sous mon châssis ! » Tiens, froid rêveur, regarde toutes ces femmes qui sont ici. Je voudrais te faire soulever leurs masques et lire dans leurs âmes. La plupart sont belles, belles de corps et d'intelligence. Celles que tu croirais les plus dépravées sont souvent celles qui ont le plus tendre cœur, l'esprit le plus spontané, les plus nobles, intelligences les entrailles les plus maternelles, les dévoûments les plus romanesques, les instincs les plus héroïques. Songes-y, malheureux, toutes ces femmes de plaisir et d'ivresse, c'est l'élite des femmes, ce sont les types les plus rares et les plus puissants qui soient sortis des mains de la nature; et c'est pourquoi, grâce aux législateurs pudiques de la société, elles sont ici, cherchant l'illusion d'un instant d'amour, au milieu d'une foule d'hommes qui feignent de les aimer, et qui affectent entre eux de les mépriser. Les plus beaux et les meilleurs êtres de la création sont là, forcés de tout braver, ou de se masquer et de mentir, pour n'être pas outragés à chaque pas. Et c'est là votre ouvrage, homme clairvoyants, qui avez fait de votre amour un droit, et du nôtre un devoir!

Elle me parla longtemps sur ce ton, et me fit entendre de si justes plaintes, elle sut donner tant d'attraits et de puissance à ce dieu d'Amour, dont elle semblait vouloir élever le culte sur les ruines de tous les principes, que les heures de la nuit s'envolèrent pour moi comme un songe. La parole de cette femme me subjuguait; la laideur de son déguisement, l'effroi que m'inspirait son masque, et jusqu'à l'éclat lugubre de la fête où elle m'avait entraîné, tout cela disparaissait autour de moi. Toute son âme, tout son être semblaient être passés dans cette parole ardente, et cette voix feinte, qu'elle maintenait avec art pour ne pas se faire reconnaître, cette voix de masque qui m'avait blessé le tympan d'abord, prenait pour moi des inflexions étranges, quelque chose d'incisif, de pénétrant, qui agissait sur mes nerfs, si ce n'est sur mon âme. Je me sentais vaincu, modifié et comme transformé dans mes opinions en l'écoutant. Je lui demandai grâce. « Je suis trop agité pour répondre, lui dis-je, je veux rentrer en moi-même, et savoir si à l'abri de votre éloquence, je dois vous admirer ou vous plaindre.

— Eh bien! dit-elle en se levant,

consulte l'oracle! Demande à Julie ce qu'elle doit penser du caquet de sa *femme de chambre*. Je te donne rendez-vous ici, à cette place et à cette heure, d'aujourd'hui en huit. Si tu n'y viens pas, je te regarderai comme vaincu, et je regretterai le temps que j'aurai perdu à provoquer un adversaire si faible. »

Elle disparut. J'étais si accablé, que je ne songeai pas à la suivre. Puis je le regrettai aussitôt, et me mis à sa recherche, mais inutilement. Il y avait dans le bal plus de cent dominos à nœuds roses. Une ouvreuse de loges, avec qui je sus engager une conversation, m'apprit que les *fem-*

mes *comme il faut* ne portaient jamais aucun ornement, et que leur costume était uniformément noir comme la nuit.

Cette femme m'a bouleversé le cerveau. O Julie! j'ai besoin de vous revoir et de vous entendre pour effacer ce mauvais rêve, pour me rattacher à l'adoration fervente et inviolable de la clarté sans ombre et de la pudeur sans trouble.

8 *Janvier.*

Un mauvais génie a présidé au destin de la semaine. Une fois je suis allé au jardin, elle n'a point paru; une autre fois, j'ai essayé de pénétrer dans l'enclos par le rez-de-chaussée; les portes étaient replacées, les serrures posées et fermées. J'ai fait une tentative désespérée auprès de madame Germain ; j'ai humblement demandé la permission de prendre un peu d'air et de mouvement dans ce jardin inoccupé. Elle m'a aigrement refusé.

« De l'air et du mouvement, monsieur n'en manque pas, puisqu'il passe les nuits à courir ! »

J'ai offert de l'argent ; mais je ne suis pas assez riche pour corrompre.

« Monsieur n'en aura pas de trop pour acquitter les dettes des locataires insolvables. D'ailleurs, c'est ma consigne : le jardin n'est ouvert à personne. »

J'irai au bal de l'Opéra ce soir : je ferai cette folie. J'interrogerai ce masque, je saurai si Julie est malade ou si elle a quelque chagrin. Je ferai semblant d'être galant, pour me rendre favorable cette femme étrange qui prétend la connaître... et qui m'a peut-être trompé. Comment Julie pourrait-elle se lier d'amitié avec un caractère si différent du sien ?

10 Janvier.

Me voilà brisé, anéanti ! Non, je n'aurai pas le courage de me raconter à moi-même ce que j'ai découvert, ce que je souffre depuis cette nuit maudite !

10 *Janvier.*

Essayons d'écrire. Les souvenirs qu'on se retrace en les rédigeant échappent au vague de la rêverie dévorante.

A minuit j'étais là, où elle m'avait dit de la rejoindre, et je l'attendais. Elle paraît enfin, me serre convulsivement la main, et se jette, essoufflée, sur une chaise au fond de la loge, après s'y être fait renfermer avec moi par l'ouvreuse. Au bout de quelques moments de silence, où elle paraissait véritablement suffoquée par l'émotion:

« J'ai encore été poursuivie aujourd'hui, me dit-elle, par un homme qui me hait et que je méprise. Oh! candide et honnête Jacques! vous ne savez pas ce que c'est qu'un homme du monde, à quelle lâche fureur, à quels ignobles ressentiments peuvent se porter ces gens de bonne compagnie quand le despotisme fanatique de leur amour-propre est blessé! »

Je la plaignais, mais je ne trouvais pas d'expression pour la consoler.

« Vous le voyez, lui dis-je, cette vie d'enivrement et de plaisir égare celles qui s'y abandonnent. Ces illusions d'un instant dont vous me parliez mettent l'amour d'une femme, peut-être belle et bonne, aux bras d'un homme indigne d'elle, et capable de tout pour se venger du retour de sa raison.

— Qu'est-ce que cela prouve, Jacques? me dit-elle vivement. C'est qu'apparemment il faut s'abstenir de chercher et de rêver l'amour dans ce monde-ci. Créez-en donc un meilleur, où l'on puisse estimer ce qu'on aime, et, en attendant, croyez-moi, ne prenez pas parti pour le bourreau contre la victime.

En ce moment, la porte de la loge voisine s'ouvrit. Un fort bel homme, qui avait un air de grand seigneur et des fleurs à sa boutonnière, entra, et se penchant vers ma compagne par dessus la cloison basse qui le séparait de nous :

« C'est donc vous enfin, belle *Isidora* ? lui dit-il d'un ton acerbe; Pourquoi fuir et vous cacher ? Je ne prétends pas troubler vos plaisirs, mais voir seulement la figure de notre heureux successeur à tous, afin de le désigner aux remerciements de *mon ami Félix.* »

Quoiqu'il eût parlé à voix basse, je n'avais pas perdu un mot de son compliment. Ma compagne m'avait saisi le bras, et je la sentais trembler comme une feuille au vent d'orage. Je pris vite mon parti.

« Monsieur, dis-je en me levant, je ne sais point ce que c'est que mademoiselle Isidora. Je ne sais pas davantage ce que c'est que votre ami Félix, et je ne vois pas trop ce que peut-être un homme qui s'en vient insulter une femme au bras d'un autre homme. Mais ce que je sais, mordieu, fort bien, c'est que je reviens de mon village, et que j'en ai rapporté des poings qui, pour parler le langage du lieu où nous sommes, pourraient bien vous faire piquer une tête dans le parterre, si votre goût n'était pas de nous laisser tranquilles.

Puis, comme je le voyais hésiter, et qu'il me paraissait trop facile de me débarrasser de ce beau-fils par la force, il me prit envie de le persifler par un mensonge.

« Sachez, d'ailleurs, lui dis-je, que madame est... *ma femme*, et tenez-vous pour averti.

— Votre femme! répondit le dandy avec ironie, quoique cependant il ne fût pas certain de ne pas s'être grossièrement trompé. — Votre femme!... Eh bien! monsieur, vous défendez peu courtoisement son honneur; mais j'ai tort, et je mérite un peu votre mercuriale. Que madame me pardonne, ajouta-t-il, en saluant ma prétendue femme, c'est une méprise qui n'a rien de volontaire. »

« Je te remercie, bon Jacques, reprit-elle, aussitôt qu'il se fut éloigné, tu m'as rendu un grand service; mais si tu veux que je te le dise, il y a dans ta manière de me défendre quelquechose qui me blesse profondément. Tu n'aurais donc pas consenti à défendre le nom et la personne d'Isidora, dans la crainte de passer pour l'amant d'une femme qu'on peut outrager ainsi?

— Rien de semblable ne m'est venu à l'esprit; je n'ai songé qu'à vous débarrasser d'un fou ou d'un ennemi, qui m'eût, à coup sûr, forcé de traverser par quelque scandale le plaisir que j'éprouve à causer avec vous.

— Mais si j'avais été cette Isidora fameuse dont on dit tant de mal, et dont vous avez sans doute la plus parfaite horreur, et si l'ennemi s'était acharné à me prendre pour elle, nonobstant notre mariage improvisé?...

— D'abord je ne m'inquiète pas de cette Isidora et je ne la connais pas. Je ne suis pas un homme du monde, je n'ai point de rapports avec ce genre de femmes célèbres. Ensuite, Isidora ou non, je vous prie de croire que je ne suis pas assez de mon village pour ne pas savoir qu'on doit protection à la femme qu'on accompagne.

— Ah! mon cher villageois, avoue que c'est une triste nécessité que le devoir d'un honnête homme en pareil cas! Risquer sa vie pour une fille!

— Je n'ai jamais su ce que c'était qu'une fille; je le sais moins que jamais, et je suis tenté, depuis huit jours, de croire qu'il n'y a point de femmes qui méritent réellement cette épithète infâmante. Si Isidora est une de ces femmes, et si vous êtes cette Isidora, j'éprouve pour vous...

— Eh bien! qu'éprouves-tu pour moi? Dis donc vite!

— Le même sentiment qu'un dévot aurait pour une relique qu'il verrait foulée aux pieds dans la fange. Il la relèverait, il s'efforcerait de la purifier et de la replacer sous la châsse.

— Tu es meilleur que les autres, pauvre Jacques, mais tu n'es pas plus grand ! Tu vois toujours dans l'amour l'idée de pardon et de correction, tu ne vois pas que ton rôle de purificateur, c'est le préjugé du pédadogue qui croit sa main plus pure que celle d'autrui, et que la châsse où tu veux replacer la relique, c'est l'éteignoir, c'est la cage, c'est le tombeau de ta possession jalouse ?

— Femme orgueilleuse ! m'écriai-je, tu ne veux pas même de pardon ?

— Le pardon est un reproche muet ; le mépris subsiste après. Je donnerais une vie de pardon pour un instant d'amour.

— Mais le mépris revient aussi après cet instant-là !

— On l'a eu, cet instant ! Avec le pardon on ne l'a pas. Mépris pour mépris, j'aime mieux celui de la haine que celui de la pitié. »

Je ne sais comment il se fit que l'accent dont elle dit ces paroles me causa une sorte de vertige. Je fus comme tenté de me jeter à ses pieds et de lui demander pardon à elle-même. Mais un reste d'effroi et peut-être de dégoût me retint.

« Allons-nous-en, me dit-elle, nous

ne nous entendrons pas, mon philosophe ! »

Je la suivis machinalement. Nous fîmes un tour de foyer. J'y étais étourdi et comme étouffé par le feu croisé des agaceries et des épigrammes. Tout à coup ma compagne quitta mon bras comme pour m'échapper. Je ne la perdis pas de vue, et, voyant qu'elle quittait le bal, je décidai de le quitter aussi, tout en protégeant sa retraite. Je descendais l'escalier sur ces pas, et elle atteignait la dernière marche, lorsque le beau jeune homme dont je l'avais débarrassée, et qui rentrait, se trouve face à face avec elle. Il s'arrête, sourit avec un mépris inexprimable, et levant les yeux vers moi :

« C'est donc l'habitude dans votre province, me dit-il, de suivre sa femme comme un jaloux, et de l'observer à distance ? Mon cher monsieur, vous vous êtes moqué de moi ; mais je vous le pardonne, si bien que je veux vous donner un petit avis. La dame que vous escortez est la plus belle femme de Paris, vous avez raison d'en être vain ; mais comme c'est la plus méprisable et la plus méprisée, vous auriez grand tort d'en être fier.

— Et vous, répondis-je, vous devriez être honteux de parler comme vous faites. Si vous dites un mot de plus, je vous en rendrai très repentant.

Un flot de monde qui rentrait nous sépara, et il monta l'escalier assez rapidement. Quand il fut en haut du premier palier, il se retourna. Je m'étais emparé du bras d'Isidora, et je m'étais arrêté en bas pour le regarder aussi. Il haussa légèrement les épaules. Je lui fis un signe impératif pour qu'il eût à disparaître ou à redescendre. Il prit le premier parti, couvrant d'un air de dédain ironique sa retraite prudente.

Je me sentais le sang échauffé plus que de raison; je voulais remonter et le forcer à prendre d'autres airs. Ma compagne se cramponna après moi.

« Vous me perdez si vous faites du scandale, me dit-elle. Suivez-moi, j'ai à vous parler. »

Elle m'entraîna vers un fiacre, donna son adresse tout bas au cocher, et me dit :

« Jacques, vous allez me suivre chez moi. Ce n'est pas une aventure ; je sais qu'elle ne serait pas de votre goût, et il n'est pas certain qu'elle fût du mien. »

Que ce fût la colère dont j'étais à peine remis, ou la pitié pour elle, ou quelque intérêt subit plus tendre que je ne voulais me l'avouer, je ne me sentais plus sous l'empire de la raison. Il faut que j'avoue aussi que la crainte de découvrir la vieillesse et la laideur sous son masque avait agi à mon insu sur mon imagination. Le dandy qui croyait me dégoûter d'elle en m'apprenant (ce qu'il ne supposait pas que je pusse ignorer), qu'elle était la plus belle femme de Paris, avait étrangement manqué sa vengeance. Le prestige de la beauté, lors-même qu'il n'agit pas encore sur les yeux, est tout puissant sur un cerveau aussi impressionnable que le mien. J'entourai de mes bras ma tremblante conquête, et, perdant tout mon orgueil de pédagogue, je la suppliai de ne pas me croire indigne d'un de ces moments d'amour qu'elle m'avait fait rêver si doux et si terribles. Elle tressaillit et s'arracha de mes bras à plusieurs reprises; enfin elle me dit:

« Prenez garde, Jacques, que ma figure ne soit pour vous la tête de Méduse!... Vous allez me voir hélas! ne parlez pas d'amour et de joie. Je touche au terme de mon agonie, et je sens la vie quitter mon sein, peut-être pour la dernière fois. »

Le fiacre s'arrêta à une petite porte, dans une ruelle sombre. J'en franchis le seuil sans savoir dans quel quartier de Paris je pouvais être ; j'avais fait cette course comme un somnambule. Nous traversâmes plusieurs pièces mystérieuses, éclairées seulement par des feux mourants de cheminée qui faisaient scintiller dans l'ombre quelques dorures. Enfin, nous entrâmes dans un boudoir à la fois chaste et délicieux, au milieu duquel brûlait une lampe de bronze antique. Ma compagne ferma soigneusement les portes, alluma plusieurs bougies, et, tout-à-coup arrachant son masque avec un mouvement de colère et de désespoir, elle me montra... O ciel! écrirai-je son nom sans défaillir!... les traits purs et divins de Julie!

« Julie ! m'écriai-je...

— Non pas Julie, dit-elle avec amertume, mais Isidora, *la femme la plus méprisée, sinon la plus méprisable de Paris.* »

Je restai longtemps atterré, et lorsque j'osai relever les yeux sur elle, je vis qu'elle observait mon visage avec une profonde anxiété.

« Jacques, reprit-elle alors, voyant que je n'avais pas la force de rompre le silence, vous avez aimée *Julie !* Julie n'a pas joué de rôle devant vous : vous n'aviez point parlé d'amour ensemble. Vous avez connu l'état présent de son âme, ses profonds ennuis et ses plus sérieuses préoccupations depuis qu'elle a renoncé au rêve d'être aimée. Mais elle vous eût trompé, si elle eût laissé la passion s'allumer en vous dans les circonstances pures et charmantes qui avaient présidé à votre rencontre. Le hasard d'une autre rencontre à la porte de l'Opéra l'a décidée à se faire connaître sous son autre aspect. Celui-là, c'est le passé, mais un passé qui n'est pas assez loin pour être oublié des hommes qui le connaissent...

— Ne vous accusez pas, Julie, vous me faites trop de mal !

— Que voulez-vous dire ?

— Je n'en sais rien, je souffre !

— Je vous comprends mieux que

vous-même. C'est le moment de nous dire adieu, Jacques. Ne souffrez pas à cause de moi. Moi aussi, je souffre, et je dois souffrir plus longtemps que vous; car, moi aussi je vous aimais, alors que je me sentais aimée, et les raisons qui me feront combattre désormais votre souvenir ne sont terribles et humiliantes que pour moi seule.

— Ne dites pas cela, Julie! Je vous aime, je vous aimerai toute ma vie. Je vous vénérais comme un ange; à présent, je vous aimerai autrement; mais ce ne sera pas moins, je vous le jure!

— Vous le jurez! donc vous ne le

sentez plus. Je ne veux pas être aimée *autrement*, moi, et je sais que mon ambition est insensée. Ainsi, adieu, noble et bon Jacques, adieu pour toujours, le dernier amour de ma vie!

— Julie! Julie! ne mettez pas de l'orgueil à la place de l'amour. Ne repoussez pas cet amour vrai et profond, que je mets encore à vos pieds. O ciel! craindriez-vous de moi de lâches reproches?

— Je vous l'ai dit, je crains le *pardon!* ce muet reproche, le plus noble, mais le plus implacable de tous!

— Ne parlez pas de pardon, n'en parlons jamais! A Dieu seul le droit de pardonner; vous avez raison! Et que suis-je pour m'arroger celui de vous absoudre? Ma vie a été pure et paisible, et je n'ai pas lieu d'en tirer gloire. A quelles séductions ai-je été exposé? quelles luttes ai-je subies! Non, adorable et infortunée créature, je ne te pardonne pas, je t'aime trop pour cela!

— Tu as raison, Jacques, s'écria-t-elle, c'est ainsi qu'il faut aimer, ou ne pas s'en mêler! »

Et, se précipitant dans mes bras, elle m'étreignit contre son cœur avec passion.

Mais cette femme avait trop souffert pour être confiante. De sinistres prévisions glacèrent ses premiers transports.

« Écoute, Jacques, dit-elle, tu sais bien tout! Je suis une femme entretenue; tu le sais à présent! Je suis la maîtresse du comte Félix de ***; sais-tu cela? Nous sommes ici chez lui, il peut arriver et nous chasser l'un et l'autre; y songes-tu? En ce moment tu risques ton honneur, et moi mon opulence et la dernière planche de salut offerte à ma considération, sinon comme femme estimable, du moins comme beauté désirable et puissante.

— Que nous importe, Julie? Demain tu quitteras cette prison dorée où ton âme languit. Tu viendras partager la misère du pauvre rêveur. Je travaillerai pour te faire vivre, je suspendrai mes rêveries, je donnerai des leçons. Nous fuirons ensemble dans quelque ville de province, loin d'ici, loin de tes ennemis. Tu trouveras cette vie pure et simple à laquelle tu aspires.... Tu ne connaîtras plus cet ennui qui te ronge, cette oisiveté que tu te reproches; demain, tu seras libre, ma belle captive. Et pourquoi pas tout de suite ! Viens, partons, suis l'amant qui t'enlève ! »

Une secrète terreur se peignit dans les traits de Julie.

« Déjà des conditions ! dit-elle ; déjà le travail de ma réhabilitation qui commence ! Jacques tu vas croire que je t'ai trompé, que je me suis trompée moi-même, quand je t'ai dit que je détestais mon luxe et mes plaisirs. Je t'ai dit la vérité, je le jure... Et pourtant tes projets me font peur ! Et si tu allais ne plus m'aimer ! si je me trouvais seule, sans amour et sans ivresse, replongée dans cette affreuse misère que je n'ai pu supporter lorsque j'étais plus jeune, plus belle et plus forte ! La misère sans l'amour ! c'est impossible. Eh quoi ! tu me demandes déjà des sacrifices ? tu n'attends pas que je te les offre ! Tu acceptes la pécheresse à condition que dès demain, dès aujourd'hui, elle passera à l'état de sainte ! Oh ! toujours l'orgueil et la domination de l'homme ! Il n'y a donc pas un instant d'ivresse où l'on puisse se réfugier contre les exigences d'un contrat ? »

L'amertume de Julie était profondément injuste. Je fus effrayé des blessures de cette âme meurtrie. J'espérai la guérir avec le temps et la confiance, et je voulus son amour sans condition. Je l'obtins, mais il y eut quelque chose de sinistre dans nos transports. Cela ressemblait à un éternel adieu dont nous avions tous deux le pressentiment. Quand le jour pâle et tardif de l'hiver vint nous avertir de nous séparer, je crus voir la Juliette de Shakespeare lisant dans le livre sombre du destin ; sa pâleur et ses cheveux épars la rendaient plus belle, mais les douleurs de son âme dévastée la rendaient effrayante. Elle me donna une clé de son appartement, et rendez-vous pour le soir même, mais elle ne put faire l'effort de sourire en recevant mon dernier baiser.

Deux heures après je recevais le billet suivant :

« Ce que je prévoyais est arrivé : le lâche qui m'a insultée au bal a instruit le comte de mon escapade. Je viens d'avoir une scène affreuse avec ce dernier. Mais j'ai dominé sa colère par mon audace. Je ne veux pas être chassée par cet homme, je veux le quitter au moment où il sera le plus courbé à mes pieds. Pour écarter ses soupçons, je pars avec lui pour un de ses châteaux. Je serai bientôt de retour, et alors, Jacques, je verrai si tu m'aimes. »

O Julie ! votre immense et pauvre orgueil nous perdra !

15 *Janvier.*

Elle pouvait quitter cet homme et fuir le mal à l'instant même. Elle ne l'a pas voulu !... Est-ce la crainte de la misère ? Non, Julie, tu ne sais pas mentir, mais la crainte d'un mépris qui devait t'honorer pour la première fois de ta vie, t'a rejetée dans l'abîme. Tu n'as pas compris que la raillerie des âmes vicieuses allait cette fois, te réhabiliter devant Dieu! Et comment n'aurais-tu pas perdu la notion du vrai et du juste sur ces choses délicates? Pauvre infortunée, ta vie a été un long mensonge à tes propres yeux!

Je l'attends toujours... Je l'aime toujours... Et pourtant elle a compté pour rien ma souffrance et ma honte. Elle subit l'amour avilissant de ce gentilhomme pour s'épargner le dépit d'être quittée, et pour se ré-

server la gloire de *quitter* la première!
Dieu de bonté, ayez pitié d'elle et de moi!

20 Janvier.

Elle n'est pas revenue! Elle ne reviendra peut-être pas!

30 Janvier.

Billet de Julie, du château de ***.

« Jacques, je pars pour l'Italie. Ne songez plus à moi. J'ai réfléchi. Vous n'auriez jamais pu m'aimer sans vouloir me dominer et m'humilier. Je domine et j'humilie Félix. J'ai encore besoin de cette vengeance pendant quelque temps. Ne croyez pas que je sois heureuse : vingt fois par jour je suis comme prête à me tuer ! Mais je veux mourir debout, vois-tu, et non pas vivre à genoux. J'ai trop bu dans cette coupe du repentir et de la pénitence, je ne veux pas surtout que la main d'un amant la porte à mes lèvres. »

CAHIER Nº 1. — TRAVAIL.

1ᵉʳ Mai.

Mon ouvrage est fort avancé, et la question des femmes est à peu près résolue pour moi. Êtres admirables et divins, vous ne pouvez grandir que dans la vertu, et vous abjurez votre force en perdant la sainte pudeur. C'est un frein d'amour et de confiance qu'il fallait à votre expansion puissante, et nous vous avons forgé un joug de crainte et de haine! Nous en recueillons les fruits. Oh! qu'ils sont amers à nos lèvres et aux vôtres !

— 53 —

C'est un fléau, cet amour et de contraria-
rait fallait à votre expansion puissante, se revêt avec force degré au
prix du ravin... et Valmi fera ne
surveilles ses bruits. Oh ! qu'il veut
avoir luxe après sa son être.

force en prudent la sainte patrem.

SECONDE PARTIE.

ALICE.

ALICE.

Dans un joli petit hôtel du faubourg Saint-Germain, plusieurs personnes étaient réunies autour de madame de T... Que madame de T... fût comtesse ou marquise, c'est ce que je n'ai pas retenu et ce qui importe le moins. Elle avait un nom plus doux à prononcer qu'un titre quelconque : elle s'appelait Alice.

Elle était ce jour-là au milieu de ses nobles parents ; aucun ne lui ressemblait. Ils étaient rogues et fiers. Elle était simple, modeste et bonne.

C'était une femme de vingt-cinq ans, d'une beauté pure et touchante, d'un esprit mûr et sérieux, d'une tournure jeune et pleine d'élégance. Au premier abord, cette beauté avait un caractère peut-être trop chaste et trop grave pour qu'il y eût moyen de mettre, comme on dit, un roman sur cette figure-là. L'extrême douceur du regard, la simplicité des manières et des ajustements, le parler un peu lent, l'expression plus juste et plus sensée qu'originale et brillante, tous ces dehors s'accordaient parfaitement avec tout ce que le monde savait de la vie d'Alice de T... Un mariage de convenance, un veuvage sans essai et sans désir de nouvelle union, une absence totale de coquetterie, aucune ambition de paraître, une conduite irréprochable, une froideur marquée et quelque peu hautaine avec les hommes à succès, une bienveillance désintéressée à l'égard des femmes, des amitiés sérieuses sans intimité exclusive, c'était là tout ce qu'on en pouvait dire. Lions et lionnes de salons la détestaient et la déclaraient impertinente, bien qu'elle fût d'une politesse irréprochable, savante même, et calculée comme l'est celle d'une personne fière à bon droit, au milieu des sots et des sottes. Les gens de cœur et d'esprit, qui sont en minorité dans le monde, l'estimaient au contraire ; mais ils lui eussent voulu plus d'abandon et d'élan. Quelques observateurs l'étudiaient, cherchant à découvrir un secret de femme sous cette réserve inexplicable ; mais ils y perdaient leur science. Cependant, disaient-ils, cet œil noir si calme a des éclairs rapides presque insaississables; ces lèvres qui parlent si peu ont quelquefois un tremblement nerveux, comme si elles refoulaient une pensée ardente ; cette poitrine si belle et si froide a comme des tressaillements mystérieux. Puis tout cela s'efface avant qu'on ait pu l'étudier, avant qu'on puisse dire si c'est une aspiration violentée par la prudence, ou quelque bâillement de profond ennui étouffé par le savoir-vivre.

Revenue depuis peu de jours de la campagne, elle revoyait ses parents pour la première fois depuis six mois environ. Ils avaient remarqué qu'elle étaient changée, amincie, pâlie extrêmement, et que sa gravité ordinaire avait quelque chose d'une nonchalance chagrine.

— Ma nièce, lui disait sa vieille tante la marquise, la campagne ne vous a point profité cette année. Vous y êtes restée trop longtemps, vous y avez pris de l'ennui.

— Ma chère, disait une cousine fort laide, vous ne vous soignez pas. Vous montez trop à cheval; j'en suis sûre, vous lisez le soir, vous vous fatiguez. Vos lèvres sont blêmes et vos yeux cernés.

— Ma cousine, ajoutait un jeune fat, frère de la précédente, il faut vous remarier absolument. Vous vivez trop seule, vous vous dégoûtez de la vie. »

Alice répondait, avec un sourire un peu forcé, qu'elle ne s'était jamais mieux portée, et qu'elle aimait trop la campagne pour s'y ennuyer un seul instant.

« Et votre fils, ce cher Félix, arrive-t-il bientôt? dit un vieil oncle. —

— Ce soir ou demain, j'espère, dit madame de T...; je l'ai devancé de quelques jours; son précepteur me l'amène. Vous le trouverez grandi, embelli, et fort comme un petit paysan.

— J'espère pourtant que vous ne l'élevez point tout-à-fait à la Jean-

Jacques? reprit l'oncle. Etes-vous contente de ce précepteur que vous lui avez trouvé là-bas?

— Fort contente, jusqu'à présent.

— C'est un ecclésiastique? demanda la cousine.

— Non, c'est un homme fort instruit.

— Et où l'avez-vous déterré?

— Tout près de moi, dans les environs de ma terre.

— Est-ce un jeune homme? demanda le cousin, d'un air qui voulait être malin.

— C'est un jeune homme, répondit tranquillement Alice; mais il a l'air plus grave que vous, Adhémar, et je le crois beaucoup plus raisonnable. Mais, ajouta-t-elle en regardant la pendule, le notaire va venir, et je crois, mon cher oncle et ma chère tante, que nous ferions mieux de nous occuper de l'objet qui nous rassemble.

— Ah! c'est un objet bien triste! dit la tante avec un profond soupir.

— Oui, dit gravement madame de T..., cela renouvelle pour moi surtout une douleur à peine surmontée.

— Cet odieux mariage, n'est-ce pas? dit la cousine.

— Je ne puis songer à autre chose, reprit Alice, qu'à la perte de mon frère.

Et, comme ce souvenir fut accueilli froidement, le cœur d'Alice se serra et des larmes vinrent au bord de sa paupière ; mais elle les contint. Sa douleur n'avait pas d'écho dans ces cœurs altiers.

Le notaire, un vieux notaire obséquieux en saluts, mais impassible de figure, entra, fut reçu poliment par madame de T..., sèchement par les autres, s'assit devant une table, déplia des papiers, lut un testament et fut écouté dans un profond silence. Après quoi, il y eut des réflexions faites à voix basse, un chuchottement de plus en plus agité autour d'Alice; enfin on entendit la voix de la noble tante s'élever sur un diapason assez aigre, et dire, sans pouvoir se contenir davantage :

— Eh quoi, ma nièce, vous ne dites rien ? vous n'êtes pas indignée ? je ne vous conçois pas ! votre excès de bienveillance vous nuira dans le monde, je vous en avertis.

— Je ne me vante d'aucune bienveillance pour la personne dont nous parlons, répondit madame de T...; je ne la connais pas. Mais je sais et je vois que mon frère l'a réellement épousée.

— Oui ! mais il est mort ; et elle ne nous est de rien, s'écria l'autre dame.

— Vous tranchez lestement le nœud

du mariage, ma cousine, reprit Alice. Demandez à monsieur le notaire s'il fait aussi bon marché de la question civile que vous de la question religieuse.

— Les actes civils, le contrat, le testament, tout cela est en bonne forme, dit le notaire en se levant. J'ai fait connaître mon mandat et mes pouvoirs; je me retire, s'il y a procès, ce que je regarde comme impossible...

— Non, non! pas de procès, répondit gravement le vieux oncle : ce serait un scandale; et nous n'avons pas envie de proclamer cet étrange mariage, en lui donnant le retentissement des journaux de palais et des mémoires à consulter. Sachez, monsieur, que, pour des gens comme nous, la question d'argent n'est pas digne d'attention. Mon neveu était maître de sa fortune; qu'il en ait disposé en faveur de son laquais, de son chien ou de sa maîtresse, peu nous importe... Mais notre nom a été souillé par une alliance inqualifiable; et nous sommes prêts à faire tous les sacrifices pour empêcher cette fille de le porter.

— Je ne me charge pas, moi, de porter une pareille proposition, dit le notaire ; et mon ministère ici est rempli. La question de savoir si vous accueillerez madame la comtesse de S..., comme une parente, ou si vous la repousserez comme une ennemie, n'est pas de mon ressort. Je vous laisse la discuter, d'autant plus que mon rôle de mandataire de cette personne semble augmenter l'esprit d'hostilité que je rencontre ici contre elle. Madame de T..., j'ai l'honneur de vous présenter mon profond respect; mesdames... messieurs... »

Et le vieux notaire sortit en faisant de grandes révérences à droite et à gauche; des révérences comme les jeunes gens n'en font plus.

« Cet homme a raison, dit le jeune beau-fils en moustaches blondes, qui n'avait paru, pendant la lecture des papiers, occupé que du vernis de ses bottes et de sa canne à tête de rubis. Je crois qu'il eût mieux valu se taire devant lui. Il va reporter à sa *cliente* toutes nos réflexions...

— Il est bon qu'elle les sache, mon fils, s'écria la vieille tante. Je voudrais qu'elle fût ici, dans un coin, pour les entendre et pour se bien pénétrer de notre mépris.

— Vous ne connaissez pas ces femmes-là, maman, reprit le jeune homme d'un ton de pédantisme adorable et avec un sourire de judicieuse fatuité ; elles triomphent du dépit qu'elles causent, et toute leur gloire est de faire enrager les gens comme il faut.

— Qu'elle vienne essayer de me narguer ! dit la cousine d'une voix sèche et mordante, et vous verrez comme je lui fermerai ma porte au nez !

— Et vous, Alice, reprit la tante, comptez-vous donc lui ouvrir la vôtre, que vous ne protestez pas avec nous ?

— Je n'en sais rien, répondit madame de T..., cela dépendra tout-à-fait de sa conduite et de sa manière d'être ; mais ce que je sais, c'est qu'il me serait beaucoup plus difficile qu'à vous de l'humilier et de l'outrager. Elle ne se trouve être votre parente qu'à un certain degré, au lieu que moi... je suis sa belle-sœur! elle est la veuve de mon frère, d'un homme qu'elle a aimé, que je chérissais, et pour lequel aucun de vous n'a eu, dans les dernières années de sa vie, beaucoup d'indulgence. »

Au mot de belle-sœur, un cri d'indignation avait retenti dans tout le salon, et la vieille tante s'était vigoureusement frappé la poitrine de son éventail; la cousine abaissa son voile sur sa figure; l'oncle soupira; le beau cousin se dandina et fit crier le parquet sous un léger trépignement d'ironie. D'autres parents, qui se trouvaient là, et qui jouaient convenablement, de l'œil et du sourire, leur rôle de comparses, chuchottèrent et se promirent les uns aux autres de ne pas imiter l'exemple de madame de T...

« Ma chère nièce, dit enfin l'oncle, je ne suis pas le partisan de vos idées philosophiques; je suis un peu trop vieux pour abjurer mes principes, quoique je pusse le faire avec vous en bonne compagnie. Je connais votre bonté excessive, et ne suis pas étonné de vous voir fermer l'oreille à la vérité, quand cette vérité est une condamnation sans appel. Vous espérez toujours justifier et sauver ceux qu'on accuse ; mais ici, vous y perdrez vos bonnes intentions et tous vos généreux arguments. Renseignez-vous, informez-vous, et vous reconnaîtrez que la clémence vous est impossible. Quand vous saurez bien quelle créature infâme a été appelée par votre frère à l'honneur de porter son nom et d'hériter de ses biens, vous ne nous exposerez pas à la rencontrer chez vous, et vous nous dispenserez du pénible devoir de l'en faire sortir. »

Cet avis fut adopté avec chaleur, et madame de T..., restée seule de son avis, se trouva bientôt tête à tête avec son cousin. Les autres parents se retirèrent, craignant de la confirmer dans sa résistance par une trop forte obses sion. Ils la savaient courageuse et ferme, malgré ses habitudes de douceur.

« Ah ça, ma cousine, dit le jeune fat, lorsqu'ils furent tous sortis, est-ce sérieusement que vous parlez d'admettre Isidora auprès de vous?

— Je n'ai parlé que d'examiner ma conscience et mon jugement sur le parti que j'ai à prendre, Adhémar : mais, en attendant, je vous engage, par respect pour nous-mêmes, à oublier ce nom d'Isidora, sous lequel madame de S... vous est sans doute désavantageusement connue. Il me semble que, plus vous l'outragerez dans vos paroles, plus vous aggraverez la tache imprimée à notre famille.

— *Désavantageusement* connue? Non, je ne me servirai pas de ce mot-là, répartit le cousin en caressant sa barbe couleur d'ambre. C'était une trop belle personne pour que *l'avantage* de la connaître ne fût pas recherché par les jeunes gens. Mais il en serait tout autrement dans les relations qu'une femme comme vous pourrait avoir avec une femme comme elle... Alors je présume que...

— Tenez, mon cousin, je comprends ce que vous tenez à me faire entendre, et je vous déclare que je ne trouve pas cela risible. C'est comme un affront que vous vous plaisez à imprimer à la mémoire de mon frère, et votre gaîté, en pareil cas, me fait mal.

— Ne vous fâchez pas, ma chère Alice, et ne prenez donc pas les choses si sérieusement. Eh! bon Dieu, où en serions-nous si tous les ridicules de ce genre étaient de sanglants affronts? Dans notre vie de jeunes gens, lequel de nous n'a connu la mauvaise fortune de voir ou de *ne pas voir* sa maîtresse s'oublier un instant dans les bras d'un ami et même d'un cousin? Peccadilles que tout cela! Vous ne pouvez pas vous douter de ce que c'est que la vie de jeune homme, ma cousine; vous, surtout, qui vous plaisez, avant le temps, à mener la vie d'une vieille femme : vous n'avez pas la moindre notion...

— Dieu merci ! c'est assez, Adhémar, je ne tiens pas à vos enseignements. Je ne vous demande qu'un mot. Cette femme n'a-t-elle pas aimé beaucoup mon frère, dites ?

— Beaucoup : c'est possible. Ces femmes-là aiment parfois l'homme qu'elles trompent cent fois le jour. Quand je vous dis que vous ne pouvez pas les juger !

— Je le sais, et ce m'est une raison de plus de ne pas les condamner sans chercher à les comprendre.

— Parbleu! ma chère, c'est une étude qui vous mènera loin, si vous en avez le courage; mais je ne crois point que vous l'ayez.

— Enfin, répondez-moi donc, Adhémar. Je sais que le passé de cette femme a été plein d'orages...

— Le mot est bénin.

— D'égarements, si vous voulez; mais je sais aussi que, depuis plusieurs années, elle s'est conduite avec dignité; et la marque de haute estime que mon frère a voulu lui donner en l'épousant à son lit de mort, en est une preuve. Parlez donc, pensez-vous, en votre âme et conscience, qu'elle ait épuré sa conduite et amélioré sa vie par l'envie qu'elle avait de le rendre heureux, ou par un calcul intéressé qu'elle aurait fait de l'épouser?

— D'abord, Alice, je nie le principe; je suis donc forcé de nier la conséquence. Cette femme avait pris l'habitude de l'hypocrisie; elle mettait plus d'art dans sa conduite; elle avait éloigné d'elle tous ses anciens amants; elle se tenait renfermée, ici à côté, dans le pavillon du jardin de votre frère; elle cultivait des fleurs; elle lisait des romans et de la philosophie aussi, Dieu me pardonne! elle faisait l'esprit fort, la femme blasée, la compagne mélancolique, la pêcheresse convertie, et ce pauvre Félix se laissait prendre à tout cela. Mais quand je vous dirai, moi, que la veille de leur départ pour l'Italie, dans le temps où cette fille passait, aux yeux de Félix, pour un ange, je je l'ai reconnue, au bal de l'Opéra, en aventure non équivoque avec un joli garçon de province, maître d'école ou clerc de procureur, à en juger par sa mine !...

— Vous vous serez trompé ! sous le masque et le domino...

— Sous le domino, à moins d'être un écolier, on reconnaît toujours la démarche d'une femme qu'on a connue intimement. Ne rougissez pas, cousine ; je m'exprime en termes convenables, moi, et je vous jure, non pas en mon âme et conscience, mais plus sérieusement, sur l'honneur, que cette aventure est certaine. Si vous voulez des preuves, je vous en fournirai, car j'ai été aux informations. Ce villageois demeurait ici, sous les combles, dans cette maison, qui est à vous maintenant, et que votre frère faisait valoir pour vous, en même temps que la sienne, située mur mitoyen. C'était un pauvre hère, qui avait reçu d'elle de l'argent pour s'acheter des bottes, je présume. Ils s'étaient vus deux ou trois fois dans la serre ; la porte de votre jardin leur servait de communication. Je pourrais, si je cherchais bien, retrouver la femme de chambre qui m'a donné ces détails, et le jokei qui porta l'argent. La dernière nuit qu'Isidora passa à Paris, elle reçut cet homme dans le pavillon, dans l'appartement, dans les meubles de votre frère. Ce fut alors qu'averti par moi, il voulut la quitter. Ce fut alors qu'elle déploya toutes les ressources de son impudence pour le ressaisir. Ce fut alors qu'ils partirent ensemble pour ce voyage dont notre pauvre Félix n'est pas revenu, et qui s'est terminé pour lui par deux choses extrêmement tristes : une maladie mortelle et un mariage avilissant.

— Assez, Adhémar! tout cela me fait mal, et votre manière de raconter me navre. A revoir. Je réfléchirai à ce que je dois faire.

—Vous réfléchirez! Vous tenez à vos réflexions, ma cousine! Après cela, si vous accueillez Isidora, ajouta-t-il avec une fatuité amère, cela pourra rendre votre maison plus gaie qu'elle ne l'est, et si elle vous amène ses amis des deux sexes, cela jetera beaucoup d'animation dans vos soirées. Mon père et ma tante vous bouderont peut-être; mais, quant à moi, je ne ferai pas le rigoriste. Vous concevez, moi, je suis un jeune homme, et je m'amuserai d'autant mieux ici, qu'il me paraîtra plus plaisant de voir votre gravité à pareille fête. Bonsoir, ma cousine.

— Bonsoir, mon *jeune* cousin, » répondit Alice ; et elle ajouta mentalement en haussant les épaules, lorsqu'il se fut éloigné : Vieillard !

Elle demeura triste et rêveuse. Il y a de grandes bizarreries dans la société, se disait-elle, et il est fort étrange que les lois de l'honneur et de la morale aient pour champions et pour professeurs gourmés des laides envieuses, des femmes dévotes d'un passé équivoque, des hommes débauchés !

Tout-à-coup la porte de son salon se rouvrit, et elle vit rentrer Adhémar. « Tenez, tenez, ma cousine, lui dit-il d'un air moqueur, vous allez voir le héros de l'aventure; c'est lui, j'en suis certain, car j'ai une mémoire qui ne pardonne pas, et d'ailleurs, la femme de votre concierge l'a reconnu et l'a nommé.

— Quelle aventure? quel héros? Je ne sais plus de quoi vous me parlez, Adhémar.

— L'aventure du bal masqué, le dernier amant d'Isidora à Paris, il y a trois ans : ah! c'est charmant, ma parole! Et le plus joli de l'affaire, c'est que vous réchauffiez ce serpent dans votre sein, cousine... Je veux dire dans le sein de votre famille!

— Ne vous battez donc pas les flancs pour rire; expliquez-vous.

— Je n'ai pas à m'expliquer : le voilà qui arrive de province, frais comme une pêche, et qui descend dans votre cour.

— Mais qui, au nom du ciel!

—Vous allez le voir, vous dis-je; je ne veux pas le nommer; je veux assister à ce coup de théâtre. Je suis revenu sur mes pas bien vite, après l'avoir nettement reconnu sous la porte cochère. Ah! le scélérat! le Lovelace! »

Et Adhémar se prit à rire de si bon cœur qu'Alice en fut impatientée. Mais bientôt elle fit un cri de joie en voyant entrer son fils Félix, filleul du frère qu'elle avait perdu, et le plus beau garçon de sept ans qu'il soit possible d'imaginer.

— Ah ! te voilà mon enfant, s'écria-t-elle en le pressant sur son cœur. Que le temps commençait à me paraître long sans toi ! Etais-tu impatient de revoir ta mère ? N'es-tu pas fatigué du voyage ?

— Oh ! non, je me suis bien amusé en route à voir courir les chevaux, répondit l'enfant; j'étais bien content d'aller si vite du côté de ma petite mère.

— Quelle folle plaisanterie me faisiez-vous donc, Adhémar ? reprit madame de T... Est-ce là le héros

de votre si plaisante aventure?
 — Non pas précisément celui-ci, répondit Adhémar, mais celui-là. »
Et il fit un geste comiquement mystérieux pour désigner le précepteur de Félix qui entrait en cet instant.

Alice, se sentant sous le regard méchant de son cousin, ne fit pas comme les héroïnes de théâtre qui ont pour le public des *a parte*, des exclamations et des tressaillements si confidentiels, que tous les personnages de la pièce sont fort complaisants de n'y pas prendre garde. Elle se conduisit comme on se conduit dans le monde et dans la vie, même sans avoir besoin d'être fort habile. Elle demeura impassible, accueillit le précepteur de son fils avec bienveillance, et, après quelques mots affectueusement polis, elle prit son enfant sur ses genoux pour le caresser à son aise.

« Je vous laisse en trop bonne compagnie, lui dit Adhémar en se rapprochant d'elle et en lui parlant bas, pour craindre que vous preniez du souci de tout ce que j'ai pu vous dire. Dans tous les cas, vous voici à la source des informations, et M. Jacques Laurent vous éclairera, si bon lui semble, sur les mérites de celle qu'il vous plaisait tantôt d'appeler votre belle-sœur.

Mais prenez garde à vous, cousine : ce provincial-là est un fort beau garçon, et avec les antécédents que je lui connais, il est capable de pervertir....... toutes vos femmes de chambre. »

Madame de T... ne répondit rien. Elle avait paru ne pas entendre.

« Saint-Jean, dit-elle à un vieux serviteur qui apportait les paquets de Félix : conduisez M. Laurent à son appartement. Bonsoir, Adhémar... Toi, dit-elle à son fils, viens que je fasse ta toilette, et que je te délivre de cette poussière.

— Comment ! ce don Juan de village va demeurer dans votre maison, Alice ? reprit le cousin, lorsque Jacques fut sorti.

— En quoi cela peut-il vous intéresser, mon cousin ?

— Mais je vous déclare qu'il est dangereux.

— Pour mes femmes de chambre, à ce que vous croyez ?

— Ma foi, pour vous, Alice, qui sait ? On le remarquera, et on en parlera.

— Qui en parlera, je vous prie? dit madame de T... avec une hauteur accablante, et en regardant son cousin en face : votre sœur et vous ?

— Vous êtes en colère, Alice,

répondit-il avec un sourire impertinent, cela se voit malgré vous. Je m'en vais bien vite, pour ne pas vous irriter davantage, et je me garderai bien de médire de votre précepteur si instruit, si raisonnable et si grave. Pardonnez-moi si, n'ayant fait connaissance avec lui qu'au bal masqué et au bras d'une fille, j'en avais pris une autre idée..... Je tâcherai de tourner à la vénération sous vos auspices. »

Il passa, dans l'antichambre, auprès de Jacques Laurent, qui séparait ses paquets d'avec ceux du jeune Félix, et il lui lança des regards ironiques et méprisants, qui ne firent aucun effet : Jacques n'y prit pas garde. Il avait bien autre chose en l'esprit que le souvenir d'Isidora et du dandy qui l'avait insultée au bal masqué, il y avait si longtemps ! Il tourna à demi la tête vers ce beau jeune homme, dont chaque bas semblait fouler avec mépris la terre trop honorée de le porter. Voilà une mine impertinente, pensa-t-il ; mais il n'avait pas conservé cette figure dans sa mémoire, et elle ne lui rappela rien dans le passé.

Cependant Adhémar se retirait, frappé de la figure de Jacques Laurent, et se demandant avec humeur, lui qui, sans aimer Alice, était blessé de ne lui avoir jamais plu, si ce blond jeune homme, à l'œil doux et fier, ne se justifierait pas aisément des préventions suggérées contre lui à madame de T...; si, au lieu d'être un timide pédagogue, traité en subalterne, comme il eût dû l'être dans les idées d'Adhémar, ce n'était pas plutôt un soupirant de rencontre, bon à la campagne pour un roman au clair de lune, et commode à Paris pour jouer le rôle d'un sigisbé mystérieux.

Une heure après, le jeune Félix, peigné, lavé et parfumé avec amour par sa mère, courait et sautillait dans le jardin comme un oiseau; Laurent se promenait à distance, passant et repassant d'un air rêveur le long du grand mur qui longeait le jardin, et le séparait d'un autre enclos ombragé de vieux arbres. Alice descendait lentement le perron du petit salon d'été, qui formait une aile vitrée avançant sur le jardin, et où elle se tenait ordinairement pendant cette saison : car on était alors en plein été. Madame de T... avait passé l'hiver et le printemps à la campagne. Elle avait souhaité d'y passer une année entière, elle l'avait annoncé;

mais des affaires imprévues l'avaient forcée de revenir à Paris, elle ignorait pour combien de temps, disait-elle. Il y avait eu pourtant dans cette soudaine résolution quelque chose dont Jacques Laurent ne pouvait se rendre compte, et dont elle ne se rendait pas peut-être compte à elle-même. Peut-être y avait-il eu dans la solitude de la campagne, et dans l'air enivrant des bois, quelque chose de trop solennel ou de trop émouvant pour une imagination habituée à se craindre et à se réprimer.

Quoi qu'il en soit, elle marcha quelques instants, comme au hasard, dans le jardin, tantôt s'amusant des jeux de son fils, tantôt se rapprochant de Jacques comme par distraction. Enfin ils se trouvèrent marchant tous trois dans la même allée, et, deux minutes après, l'enfant, qui voltigeait de fleur en fleur, laissa son précepteur seul avec sa mère.

Ce précepteur avait dans le caractère une certaine langueur réservée qui imprimait à sa physionomie et à ses manières un charme particulier. Naturellement timide, il l'était plus encore auprès d'Alice, et, chose étrange, malgré l'aplomb que devait lui donner sa position, malgré l'habitude qu'elle avait des plus délicates convenances, malgré l'estime bien fondée que le précepteur s'était acquise par son mérite, madame de T.... était encore plus embarrassée que lui dans ce tête-à-tête. C'était un mélange, ou plutôt une alternative de politesse affectueuse et de préoccupation glaciale. On eût dit qu'elle voulait accueillir gracieusement et généreusement ce pauvre jeune homme qu'elle arrachait au repos de la province et à la nonchalance de ses modestes habitudes, en lui rendant agréable le séjour de Paris; mais on eût dit aussi qu'elle se faisait violence pour s'occuper de lui, tant sa conversation était brisée, distraite et décousue.

Saint-Jean lui apporta plusieurs cartes qu'elle regarda à peine.

« Je ne recevrai que la semaine prochaine, dit-elle, je ne suis pas encore reposée de mon voyage, et je veux, avant de laisser le monde envahir mes heures, mettre mon fils au courant de ce changement d'habitudes. Et puis, j'ai besoin de jouir un peu de lui. Savez-vous que huit jours de séparation sont bien longs, monsieur Laurent?

— Oui, madame, pour une mère, toute absence est trop longue, répondit Jacques Laurent, comme s'il eût voulu l'aider à lui ôter à lui-même toute velléité de présomption.

—Et puis, reprit-elle, il y avait six mois que mon fils et moi nous ne nous quittions pas d'un seul instant, et je m'en étais fait une douce habitude, que la vie de Paris va rompre forcément. Le monde est un affreux esclavage; aussi j'aspire à quitter ce monde... mais il est vrai que mon fils aspirera un jour peut-être à s'y lancer, et que ma retraite serait alors en pure perte. Ah! monsieur Laurent, vous ne connaissez pas le monde, vous! vous ne dépendez pas de lui, vous êtes bien heureux!

— Je suis effectivement très heureux, répondit Jacques Laurent du ton dont il aurait dit: Je suis parfaitement dégoûté de la vie. »

Cette intonation lugubre frappa madame de T...; elle tressaillit, le regarda, et, tout-à-coup détournant les yeux:

« Trouvez-vous cette maison agréable? lui dit-elle, n'y regretterez-vous pas trop la campagne?

— Cette maison est fort embellie, répondit Laurent préoccupé; je crois pourtant que j'y regretterai beaucoup la campagne.

— Embellie? reprit Alice; vous étiez donc déjà venu ici?

— Oui, madame, je connaissais beaucoup cette maison pour y avoir demeuré autrefois.

— Il y a longtemps?

— Il y a trois ans.

— Ah oui! reprit Alice un peu émue, c'est l'époque du départ de mon frère pour l'Italie.

— Je crois effectivement qu'à cette époque, dit Laurent un peu troublé aussi, M. de S... faisait régir cette maison et qu'il habitait la maison voisine.

— Qui lui appartenait, reprit

Alice, et qui maintenant appartient à sa veuve.

— J'ignorais qu'il fût marié.

— Et nous aussi ; je viens de l'apprendre, il y a un instant, par la déclaration d'un homme de loi, et par de vives discussions qui se sont élevées dans ma famille à ce sujet. Vous entendrez nécessairement parler de tout cela avant peu, monsieur Laurent, et je suis bien aise que vous l'appreniez de moi d'abord... d'autant plus, ajouta-t-elle en observant la contenance du jeune homme, qu'il est fort possible que vous ayez quelque renseignement, peut-être quelque bon conseil à me donner.

— Un conseil? moi, Madame? dit Laurent tout tremblant.

— Et pourquoi non? reprit Alice avec une aisance fort bien jouée; vous avez le sentiment des véritables convenances, plus que ceux qui s'établissent, dans ce monde, juges du point d'honneur. Vous avez dans l'âme le culte du beau, du juste, du vrai, vous comprendrez les difficultés de ma situation et vous m'aiderez peut-être à en sortir. Du moins votre première impression aura une grande valeur à mes yeux. Sachez donc que mon frère a légué son nom et ses biens en mourant, à une femme tout-à-fait déconsidérée, et dont le nom, malheureusement célèbre dans un certain monde, est peut-être arrivé jusqu'à vous...

— Il y a si longtemps que j'habite la province, dit Laurent, avec le désir évident de se récuser, que j'ignore...

— Mais il y a trois ans vous habitiez Paris, vous demeuriez dans cette maison; il est impossible que vous n'ayez pas entendu prononcer le nom d'*Isidora*. »

Jacques Laurent devint pâle comme la mort; son émotion l'empêcha de voir la pâleur et l'agitation d'Alice.

« Je crois, dit-il, qu'en effet... ce nom ne m'est pas inconnu, mais je ne sais rien de particulier...

— Pourtant vous avez dû rencontrer cette personne, monsieur Laurent; rappelez-vous bien! dans ce jardin, par exemple...

— Oui, oui, en effet, dans ce jardin, répondit tout éperdu le pauvre Laurent, qui ne savait pas mentir, et sur qui la douce voix d'Alice exerçait un ascendant dominateur.

— Vous devez bien vous rappeler la serre du jardin voisin, reprit-elle : il y avait de si belles fleurs, et vous les aimez tant !

— C'est vrai, c'est vrai, dit Laurent qui semblait parler comme dans un rêve, les camélias surtout... Oui, j'adore les camélias.

— En ce cas, vous serez bien servi, car madame de S... les aime toujours, et j'ai vu ce matin qu'on remplissait la serre de nouvelles fleurs. Comme vous êtes lié avec elle, vous la verrez, je présume... et vous pourrez alors servir d'intermédiaire entre elle et moi, quelles que soient les explications que nous ayons à échanger ensemble.

— Pardonnez-moi, madame, reprit Jacques avec une angoisse mêlée de fermeté. Je ne me chargerai point de cette négociation.

Alice garda le silence; ce qu'elle souffrait, ce que souffrait Laurent était impossible à exprimer.

« La voilà donc, cette passion cachée qui le dévore, pensait Alice; voilà la cause de sa tristesse, de son découragement, de son abnégation, de son éternelle rêverie? Il a aimé cette femme dangereuse, il l'aime encore. Oh! comme son nom le bouleverse! comme l'idée de la revoir le charme et l'épouvante! »

On annonça que le dîner était servi, et Laurent prit son chapeau pour s'esquiver. « Non, monsieur Laurent, lui dit Alice en posant sa main sur son bras avec un de ces mouvements de courage désespéré qui ne viennent qu'aux émotions craintives, vous dînerez avec nous; j'ai à vous parler. »

Ce ton d'autorité blessa le pauvre Jacques. Sa position subalterne, comme on se permet d'appeler dans les familles aristocratiques, le rôle sacré de l'être qui se consacre à la plus haute de toutes les fonctions humaines, en formant le cœur et l'esprit des enfants (de ce qu'on a de plus cher dans la famille); ce rôle de pédagogue, asservi parfois et dominé jusqu'à un certain point par des exigences outrageantes, n'avait jamais frappé Laurent; madame de T... l'avait appelé et accueilli dans sa maison comme un nouveau membre de sa famille; elle l'avait traité comme l'ami le plus respecté, comme quelque chose entre le fils et le frère. Cependant, depuis quelques semaines, cette confiante intimité, au lieu de faire des progrès naturels, s'était insensiblement refroidie. La politesse et les égards avaient augmenté à mesure qu'une certaine contrainte s'était fait sentir. Laurent en avait beaucoup souffert. Dans sa modestie naïve, il n'avait rien deviné, et maintenant qu'un élan de passion jalouse et désolée le retenait brusquement, il s'imaginait être le jouet d'un caprice déraisonnable, inouï. Sa fierté n'était pas seule en jeu, car lui aussi il aimait, le pauvre Jacques, il était éperdument épris d'Alice, et son cœur se brisa au moment où il eût dû s'épanouir.

«Vous voudrez bien me pardonner, dit-il d'un ton un peu altier; mais il m'est impossible, madame, de me rendre maintenant à votre désir.»

En disant cela, des larmes lui vinrent aux yeux. Trouver Alice cruelle lui semblait la plus grande des douleurs qu'il pût supporter.

Alice le comprit; et comme son fils revenait auprès d'elle : « Félix, lui dit-elle, avec un doux sourire, engage donc notre ami à rester avec nous pour dîner. Il me refuse ; mais il ne voudra peut-être pas te faire cette peine. »

L'enfant, qui chérissait Laurent, le prit par les deux mains avec une tendre familiarité, et l'entraîna vers la table. Laurent se laissa tomber sur sa chaise. Un regard d'Alice et le nom d'ami l'avaient vaincu.

Cependant ils furent mornes et

contraints durant tout le repas. L'expansive gaîté du jeune garçon pouvait à peine leur arracher un sourire. Laurent jetait malgré lui un regard distrait sur le jardin et sur la petite porte du mur mitoyen qu'on apercevait de sa place. Alice examinait et interprétait sa préoccupation dans le sens qu'elle redoutait le plus. Mais il faut dire, pour bien montrer la droiture et la fermeté du penchant de cette femme, que si elle s'était convaincue, dès le premier mot de Laurent, qu'il était bien le héros de l'aventure racontée par le beau cousin Adhémar, elle avait complétement réjeté de son souvenir les imputations outrageantes sur le caractère de Laurent. Laurent lui eût-il été moins cher, elle connaissait déjà bien assez son désintéressement et sa fierté d'âme pour regarder cette circonstance du récit d'Adhémar comme une calomnie gratuite; mais quand on aime, on n'a pas besoin d'opposer la raison à des soupçons de cette nature. La pensée d'Alice ne s'y arrêta pas un instant.

Mais par quelle bizarre et douloureuse coïncidence, ce dernier amant qu'Isidora avait eu à Paris, après mille autres, se trouvait-il donc le seul homme que la tranquille et sage Alice eût aimé en sa vie?

Alice avait eu besoin d'appeler à son secours tout ce qu'elle avait de religion dans l'âme et de courage dans le caractère pour ne pas haïr le mari froid et dépravé auquel on l'avait unie à seize ans sans la consulter. Victime de l'orgueil et des préjugés de sa famille, elle avait pris le mariage en horreur et le monde en mépris. Elle avait tant souffert, tant rougi et tant pleuré dans sa première jeunesse, elle avait été si peu comprise, elle avait rencontré autour d'elle si peu de cœurs disposés à la respecter et à la plaindre, et au contraire tant de sots et de fats désireux de la flétrir en la consolant, qu'elle s'était repliée sur elle-même dans une habitude de désespoir muet et presque sauvage. Une violente réaction contre les idées de sa caste et contre les mensonges odieux qui gouvernent la société s'était opérée en elle. Elle s'était fait une vie de solitude, de lecture et de méditation, au milieu du monde. Lorsqu'elle y paraissait pâle et belle, ornée de fleurs et de diamants, elle avait l'air d'une victime allant au sacrifice; mais c'était une victime silencieuse et recueillie, qui ne faisait plus entendre une plainte, qui ne laissait plus échapper un soupir.

La mort de son mari avait terminé un lent et odieux supplice; mais à vingt ans, Alice était déjà si lasse de la vie, qu'elle l'abordait sans illusions et qu'elle ne pouvait plus y faire un pas sans terreur. Les théories qu'on agitait autour d'elle soulevaient son âme de dégoût. Les hommes qu'elle voyait lui semblaient tous, et peut-être qu'ils étaient tous, en effet, des copies plus ou moins effacées du type révoltant de l'homme qui l'avait asservie. Enfin elle ne pouvait plus aimer, pour avoir été forcée de haïr et de mépriser, dans l'âge où tout devrait être confiance, abandon, respect.

Ce ne fut que dix ans plus tard qu'elle rencontra enfin un homme pur et vraiment noble, et il fallut pour cela que le hasard amenât dans sa maison, et jetât dans son intimité un plébéien pauvre, sans ambition, sans facultés éclatantes, mais fortement et sévèrement épris des idées les meilleures et les plus vraies de son temps. Il n'y avait rien de miraculeux dans ce fait, rien d'exceptionnel dans le génie de Jacques Laurent. Cependant ce fait produisit un miracle dans le cœur d'Alice, et ce bon jeune homme fut bientôt à ses yeux le plus grand et le meilleurs des êtres.

Ce sentiment l'envahit avec tant de charme et de douceur, qu'elle ne songea pas à y résister d'abord. Elle s'y livra avec délices, et si Jacques eût été tant soit peu roué, vaniteux ou personnel, il se serait aperçu qu'au bout de huit jours il était passionnément aimé.

Mais Jacques était particulièrement modeste. Il avait trop d'enthousiasme naïf et tendre pour les grandes âmes et les grandes choses : il ne lui en restait pas assez pour lui-même. Absorbé dans l'étude des plus belles œuvres de l'esprit humain, plongé dans la contemplation du génie des maîtres de l'éternelle doctrine de vérité, il se regardait comme un simple écolier, à peine digne d'écouter ces maîtres s'il eût pu les faire revivre, trop heureux de pouvoir les lire et les comprendre.

Naturellement porté à la vénération il admira le cœur et l'esprit d'Alice, ce cœur et cet esprit que le monde ignorait, et qui se révélaient à lui seul. Il l'aima, mais il persista à se croire si peu de chose auprès d'elle, que la pensée d'être aimé ne put entrer dans son cerveau. Sa position précaire acheva de le rendre craintif, car la fierté ne va pas braver les affronts, et il eût rougi jusqu'au fond de l'âme, si quelqu'un eût pu l'accuser d'être séduit par le titre et l'opulence d'une femme. L'homme le plus orgueilleux en pareil cas est le plus réservé, et, par la force des choses, il eût fallu, pour être devinée, qu'Alice eût le courage de faire les premiers pas. Mais cela était impossible à une femme dont toute la vie n'avait été que douleur, refoulement et contrainte. Elle aussi doutait d'elle-même, et à force d'avoir repoussé les hommages et les flatteries, elle était arrivée à oublier qu'elle était capable d'inspirer l'amour. Elle avait tant de peur de ressembler à ces galantes effrontées qui l'avaient fait si souvent rougir d'être femme !

Ils ne se devinèrent donc pas l'un l'autre, et malheur aux âmes altières qui appelleraient niaiserie la sainte naïveté de leur amour ! Ces âmes-là n'auraient jamais compris la vénération qui accompagne l'amour véritable dans les jeunes cœurs, et qui fait qu'on s'annihile soi-même dans la contemplation de l'être qu'on adore. Rarement deux âmes également éprises se rencontrent dans les romans plus ou moins complets dont la vie est traversée. C'est pourquoi celui-ci pourra paraître invraisemblable à beaucoup de gens. C'est pourtant une histoire vraie, malgré la vérité d'une foule d'histoires qui pourraient en combattre victorieusement la probabilité.

Aussitôt qu'Alice put voir clair dans son propre cœur, et cela ne fut pas bien long, elle interrogea avec effroi la manière d'être de Jacques avec elle. Elle y trouva une timidité qui augmenta la sienne, et une tristesse qui lui fit craindre de se heurter contre un autre amour. La fierté légitime d'une âme complétement vierge la mit dès lors en garde contre elle-même; elle veilla si attentivement sur ses paroles et sur sa contenance, que tout encouragement fut enlevé au pauvre Jacques. Il fit comme Alice, dans la crainte de paraître présomptueux et ridicule. Il aima en silence, et au lieu de faire des progrès, leur intimité diminua insensiblement à mesure que la passion couvait plus profonde dans leur sein.

L'intervention du personnage étrange d'Isidora dans cette situation fit porter à faux la lumière dans l'esprit d'Alice. Elle avait pressenti ou plutôt elle avait deviné que Jacques avait beaucoup et longtemps aimé une autre femme, elle se persuadait qu'il l'aimait encore, et, en supposant que cette femme était Isidora, elle ne se trompait que de date.

« Je veux tout savoir, se disait-elle, voici enfin l'occasion et le moyen de me guérir. N'ai-je pas désiré ardemment et demandé à Dieu avec ferveur la force de ne rien espérer, de ne rien attendre de mon fol amour? Ne me suis-je pas dit cent fois que le jour où je serais certaine que ce n'est pas moi qu'il aime, je retrouverais le calme du désintéressement? Pourquoi donc suis-je si épouvantée de la découverte qui s'approche? Pourquoi ai-je une montagne sur le cœur?

— Vous trouvez ce lieu-ci très-changé? dit-elle en prenant le café avec lui sur la terrasse ornée de fleurs. Vous regrettez sans doute l'ancienne disposition ?

— Il y a beaucoup de changements en effet, répondit Jacques; les deux pavillons vitrés qui forment des ailes au bâtiment n'existaient pas autrefois. Le jardin était dans un état complet d'abandon. C'est beaucoup plus beau maintenant, à coup sûr.

— Oui, mais cela vous plaît moins, avouez-le.

— Ce jardin désert et dévasté avait son genre de beauté. Celui-ci a moins d'ombre et plus d'éclat. Je le crois moins humide désormais, et partant beaucoup plus sain pour Félix.

— Le jardin d'à côté est plus vaste, et lui conviendrait beaucoup mieux. Malheureusement la porte de communication est fermée ; et il est à craindre qu'elle ne se rouvre jamais entre ma belle-sœur et moi.

— Votre belle-sœur, madame?...

— Eh oui, mademoiselle Isidora, aujourd'hui comtesse de S... A quoi donc pensez-vous, monsieur Laurent? Je vous ai déjà dit...

— Ah ! il est vrai ; je vous demande pardon, madame !... »

Et Laurent perdit de nouveau contenance.

« Écoutez, mon ami, reprit Alice, après l'avoir silencieusement examiné à la dérobée, vous avez, j'espère, quelque confiance en moi, et vous pouvez compter que vos aveux seront ensevelis dans mon cœur. Eh bien, il faut que vous me disiez en conscience ce que vous savez... ou du moins ce que vous pensez de cette femme. Ce n'est pas une vaine curiosité qui me porte à vous interroger : il s'agit, pour moi de savoir si, à l'exemple de ma famille, je dois la repousser avec mépris, ou si, dirigée par des motifs plus élevés que ceux de l'orgueil et du préjugé, je dois l'admettre auprès de moi comme la veuve de mon frère.

— Vous m'embarrassez beaucoup, répondit Jacques, après avoir hésité un instant; je ne connais pas assez le monde, je ne puis pas assez bien juger la personne.... dont il est question, pour me permettre d'avoir un avis.

— Cela est impossible : si on n'a pas un avis formulé, décisif, on a toujours, sur quelque chose que ce soit, un sentiment, un instinct, un premier mouvement. Si vous refusez de me dire votre impression personnelle, j'en conclurai naturellement que vous ne prenez aucun intérêt à ce qui me touche, et que vous n'avez pas pour moi l'amitié que j'ai pour vous ; car, si vous m'adressiez une question relative à votre conscience et à votre dignité, je sens que je mettrais une extrême sollicitude à vous éclairer. »

Il y avait longtemps que madame de T... n'avait repris avec Jacques ce ton d'affectueux abandon, qui lui avait été naturel et facile dans les commencements, et qui maintenant devenait de plus en plus l'effort d'une passion qui veut se donner le change, en se retranchant sur l'amitié. Jacques était si facile à tromper, qu'il crut l'amitié revenue; et lui qui se persuadait être disgracié jusqu'à l'indifférence, accueillit avec ivresse ce sentiment, dont le calme l'avait cependant fait souffrir. Il pâlit et rougit; et ces alternatives d'émotion sur sa figure mobile et fraîche comme celle d'un enfant, l'embellissaient singulièrement. Sa fine et abondante chevelure blonde, la transparence de son teint, la timidité de ses manières, contrastaient avec une taille élevée, des membres robustes, un courage physique extraordinaire;

sa main énorme, forte comme celle d'un athlète, et cependant blanche et modelée comme un beau marbre, eût été d'une haute signification pour Lavater ou pour le spirituel auteur de la *Chirognomonie* (1) :

---

(1) M. d'Arpentigny a écrit, comme on sait, un livre fort ingénieux sur la physionomie des mains. Nous croyons son système très vrai et ses observations très justes, d'autant plus qu'elles se rattachent à des formules de métaphysique très lucides et très ingénieuses. Mais nous ne croyons pas ce système plus exclusif que ceux de Gall et de Spurzeim. Lavater est le grand esprit qui a embrassé l'ensemble des indices révélateurs de l'être humain. Il n'a pas seulement examiné une portion de l'être, mais il a esquissé un vaste système, dont chaque portion, étudiée en particulier, est devenue depuis un système complet. La phréno-

son organisation douce et puissante, stoïque et tendre, était résumée tout entière dans cet indice physiologique.

---

logie et la chirognomonie sont traitées incidemment, mais avec largeur, dans Lavater. En s'appliquant aux particularités de la physionomie générale, chaque système amène un progrès, des observations plus précises, des études plus approfondies, et de nouvelles recherches métaphysiques. C'est sous ce dernier point de vue que nous attachons de l'importance à de tels systèmes. En général, le public n'y cherche qu'un amusement, une sorte d'horoscope. Nous y voyons bien autre chose à conclure de la relation de l'esprit avec la matière. Mais ce n'est pas dans une note, et au beau milieu d'un roman, que nous pouvons développer nos idées à cet égard. L'occasion s'en retrouvera, ou d'autres le feront mieux. En attendant, l'ouvrage de M. d'Arpentigny est à noter comme important et remarquable.

Quand il osait lever ses limpides yeux bleus sur Alice, une flamme dévorante allait s'insinuer dans le cœur de cette jeune femme, mais cet éclair d'audacieux désir s'éteignait aussi rapidement qu'il s'était allumé. La défiance de soi-même, la crainte d'offenser, l'effroi d'être repoussé, abaissaient bien vite la blonde paupière de Jacques ; et son sang, allumé jusque sur son front, se glaçait tout à coup jusqu'à la blancheur de l'albâtre. Alors sa timidité le rendait si farouche, qu'on eût dit qu'il se repentait d'un instant d'enthousiasme, qu'il en avait honte, et qu'il fallait bien se garder d'y croire. C'est qu'en se donnant sans réserve à toutes les heures de sa vie, il se reprenait malgré lui, et forçait les autres à se replier sur eux-mêmes. C'est ainsi qu'il repoussait l'amour de la timide et fière Alice, cette âme semblable à la sienne pour leur commune souffrance.

— Ah ! pourquoi, entre deux cœurs qui se cherchent et se craignent, un cœur ami, un prêtre de l'amour divin, ou mieux encore une prêtresse, car ce rôle délicat et pur irait mieux à la femme ; pourquoi, dis-je, un ange protecteur ne vient-il pas se placer pour unir des mains qui tremblent et s'évitent, et pour prononcer à chacun le mot enseveli dans le sein de chacun ? Eh ! quoi, il y a des êtres hideux dont les fonctions sans nom consistent à former par l'adultère, par la corruption, ou par l'intérêt sordide du mariage de monstrueuses unions, et la divine religion de l'amour n'a pas de ministres pour sonder les cœurs, pour deviner les blessures et pour unir ou séparer sans appel ce qui doit être lié ou béni dans le cœur de l'homme et de la femme ? Mais où est la place de l'amour dans notre société, dans notre siècle surtout ? Il faut que les âmes fortes se fassent à elles-mêmes leur code moralisateur, et cherchent l'idéal à travers le sacrifice, qui est une espèce de suicide ; ou bien il faut que les âmes troublées succombent, privées de guide et de secours, à toutes les tentations fatales qui sont un autre genre de suicide.

Alice se sentit frémir de la tête aux pieds en rencontrant le regard enivré de Jacques ; mais la femme est la plus forte des deux dans ce genre de combat ; elle peut gouverner son sang, jusqu'à l'empêcher de monter à son visage. Elle peut souffrir aisément sans se trahir, elle peut mourir sans parler. Et puis cette souffrance a son charme, et les amants la chérissent. Ces palpitations brûlantes, ces désirs et ces terreurs, ces élans immenses et ces strangulations soudaines, tout cela est autant d'aiguillons sous lesquels on se sent vivre, et l'on aime une vie pire que la mort. Il est doux, quand les vœux sont exaucés, de se rencontrer, de se retracer l'un à l'autre ce qu'on a souffert, et parfois alors on le regrette ! mais il est affreux de se le cacher éternellement et de s'être aimés en vain. Entre l'ivresse accablante et la soif inassouvie il y a toujours un abîme de douleur et de regret incommensurable. On y tombe de chaque rive. De quel côté est la chute la plus rude?

Ainsi lorsqu'on cherche à percer le nuage derrière lequel se tiennent cachées toutes les vérités morales, on se heurte contre le mystère. La société laisse la vérité dans son sanctuaire et tourne autour. Mais lorsqu'une main plus hardie cherche à soulever un coin du voile, elle aperçoit, non pas seulement l'ignorance, la corruption de la société, mais encore l'impuissance et l'imperfection de la nature humaine, des souffrances infinies inhérentes à notre propre cœur, des contradictions effrayantes, des faiblesses sans cause, des énigmes sans mot. Le chercheur de vérités est le plus faible entre les faibles, parce qu'il est à peu près seul. Quand tous chercheront et frapperont, ils trouveront et on leur ouvrira. La nature humaine sera modifiée et ennoblie par cet élan commun, par cette fusion de toutes les forces et de toutes les volontés, que décuplera la force et la volonté de chacun. Jusque-là que pouvez-vous faire, vous qui voulez savoir ? L'ignorance est devant vous comme un mur d'airain et vous la portez en vous-même. Vous demandez aux hommes pourquoi ils sont fous, et vous sentez que vous-même vous n'êtes point sage. Hélas! nous accusons la société de langueur, et notre propre cœur nous crie : Tu es faible et malade!

Mais je m'aperçois que je traduis au lecteur le griffonnage obscur et fragmenté des cahiers que Jacques Laurent entassait à cette époque de sa vie, dans un coin, et sans les relire ni les coordonner, comme il avait toujours fait. Ses notes et réflexions nous ont paru si confuses et si mystérieuses, que nous avons renoncé à en publier la suite.

Vaincu par l'insistance d'Alice, il ouvrit son cœur du moins à l'amitié, et lui raconta toute l'histoire que l'on a pu lire dans la première partie de ce récit, mais en peu de mots et avec des réticences, pour ne pas alarmer la pudeur d'Alice. *Elle* était bonne et charitable, dit-il, cela est certain. Elle m'envoya, sans me connaître, de l'argent pour soulager la misère des malheureux qui ne pouvaient pas payer leur loyer au régisseur de cette maison. Le hasard me fit entrer dans ce jardin, alors abandonné, par cet appartement alors en construction. Un autre hasard me fit franchir la petite porte du mur et pénétrer dans la serre de l'autre enclos. Un dernier hasard, je suppose, l'y amena, là je causai avec elle. Là je retournai deux fois, et je fus attendri, presque fasciné par le charme de son esprit, l'élévation de ses idées, la grandeur de ses sentiments. C'était la femme la plus belle, la plus éloquente et, à ce qu'il me semblait, la meilleure que j'eusse encore rencontrée. Ensuite.....

— Ensuite, dit Alice, avec une impétuosité contenue.

— Je la revis dans un bal.....

— Au bal de l'Opéra ?

— Il ne tiendrait qu'à moi de croire que j'y suis en cet instant, reprit Laurent avec un enjouement forcé, car vous m'intriguez beaucoup, madame, par la révélation que vous me faites de mes propres secrets.

— C'était donc un secret, un rendez-vous? vous voyez, mon ami, que je ne sais pas tout.

— C'était encore un hasard. Je fus raillé par une femme impétueuse, hardie, éloquente autant que l'autre, mais d'une éloquence bizarre, pleine d'audace et d'effayantes vérités.

— Comment *l'autre?* Je ne comprends plus.

— C'était la même.

— Et laquelle triompha?

— Toutes deux triomphèrent de mes sophismes philosophiques, toutes deux m'ouvrirent les yeux à certaines portions de la vérité, et firent naître en moi l'idée de nouveaux devoirs.

— Expliquez-vous, monsieur Laurent, vous parlez par énigmes.

— L'une, celle que j'avais vue vêtue de blanc au milieu des fleurs, représentait le sacrifice et l'abnégation ; l'autre, celle qui se cachait sous un masque noir et que j'entrevoyais à travers la poussière et le bruit, me représentait la révolte de l'esclave qui brise ses fers, et la rage héroïque du blessé percé de coups, qui ne veut pas mourir. Une troisième figure m'apparut qui réunissait en elle seule les deux autres aspects ; c'était la force et l'accablement, le remords et l'audace, la tendresse et l'orgueil, la haine du mal avec la persistance dans le mal ; c'était Madeleine échevelée dans les larmes, et Catherine de Russie enfonçant sa couronne sur sa tête avec un terrible sourire. Ces deux femmes sont en elle : Dieu a fait la première, la société a fait la seconde.

— Vous m'effrayez et vous m'attendrissez en même temps, mon ami, dit Alice en détournant son visage altéré et en se penchant pour méditer. Cette femme n'est pas une nature vulgaire, puisqu'elle vous a fait une impression si profonde.

— La trace en est restée dans mon esprit et je ne voudrais pas l'effacer. Le spectacle de cette lutte et de cette douleur m'a beaucoup appris.

— Quoi, par exemple ?

— Avant tout, qu'il serait impie de mépriser les êtres tombés de haut.

— Et cruel de les briser, n'est-ce pas ?

— Oui, si en croyant briser l'orgueil on risque de tuer le repentir.

— Mais elle n'aimait pas mon frère ?

— La question n'est pas là.

— Hélas ! pensa la triste Alice, c'est la chose qui m'occupe le moins. » Et, en effet, la question pour elle était de savoir si Jacques aimait Isidora. « D'ailleurs, ajouta-t-elle, depuis trois ans que vous ne l'avez revue, elle a pu triompher des mauvais penchants ; car il y a trois ans que vous ne l'avez vue ?

— Oui, madame.

— Et sans doute elle vous a écrit pendant cet intervalle ?

— Jamais, madame.

— Mais, vous avez pensé à elle, vous avez pu établir un jugement définitif ?...

— J'y ai pensé souvent d'abord, et puis quelquefois seulement ; je ne suis pas arrivé à juger son caractère d'une manière absolue, mais sa position, je l'ai jugée.

— C'est là ce qui m'intéresse, parlez.

— Sa position a été fausse, impossible ; elle trouvait dans sa vie le contraste monstrueux qui réagissait sur son cœur et sa pensée : ici le faste et les hommages de la royauté, là le mépris et la honte de l'esclavage ; au dedans les dons et les caresses d'un maître asservi, au dehors l'outrage et l'abandon des courtisans furieux. D'où j'ai conclu que la société n'avait pas donné d'autre issue aux facultés de la femme belle et intelligente, mais née dans la misère, que la corruption et le désespoir. La femme richement douée a besoin d'amour, de bonheur et de poésie. Elle n'en trouve que le semblant, quand elle est forcée de conquérir ces biens par des moyens que la société flétrit et désavoue. Mais pourquoi la société lui rend-elle la satisfaction légitime impossible, et les plaisirs illicites si faciles ? pourquoi donne-t-elle l'horrible misère aux filles honnêtes et la richesse seulement à celles qui s'égarent ? tout cela fournit bien matière à quelques réflexions, n'est-ce pas madame ?

— Vous avez raison, Laurent, dit madame de T... avec une expansion douloureuse. Je tâcherai d'approfondir la vérité, et, s'il est vrai, comme on l'affirme, que, depuis trois ans, cette femme ait eu une conduite irréprochable, je l'aiderai à se réhabiliter. Dans le cas contraire, je l'éloignerai sans rudesse et sans porter à son orgueil blessé le dernier coup.

— A-t-elle donc essayé de se faire accueillir par vous, madame? reprit Laurent que cette idée jetait dans une véritable perplexité.

— Il me le semble, répondit Alice. J'ai là un billet d'elle, fièrement signé comtesse de S..., qu'elle m'a envoyé ce matin, et où elle me demande à remettre entre mes mains, et face à face, une lettre fort secrète de mon frère mourant. Je ne puis ni ne dois m'y refuser. Je vais donc la voir.

— Vous allez la voir?

— Dans un quart d'heure elle sera ici; je lui ai donné rendez-vous pour neuf heures. Vous voyez, monsieur Laurent, que j'avais besoin de réfléchir à l'accueil que je dois lui faire, et je vous remercie de m'avoir éclairée. Ayez la bonté d'emmener coucher mon fils; il est bon qu'il ne voie pas cette femme, si moi-même je ne dois point la revoir. Je vous avoue que sa figure et sa contenance vont m'influencer beaucoup dans un sens ou dans l'autre. »

Laurent s'était levé avec effroi, il avait pris son chapeau. Pour la première fois il était impatient de quitter Alice; mais, à sa grande consternation, elle ajouta:

— Dans un quart d'heure, mon enfant sera endormi, je vous prie alors de revenir me trouver, monsieur Laurent.

— Permettez, madame, que cela ne soit pas, dit Laurent avec plus de fermeté qu'il n'en avait encore montré.

— Laurent, reprit madame de T... en se levant et en lui saisissant la main avec une sorte de solennité, je sais que cela n'est pas convenable, et que cela doit vous embarrasser, vous émouvoir beaucoup. Mais une telle circonstance de ma vie me pousse en dehors de toute convenance, et je ne m'arrêterais que devant la crainte de vous faire souffrir sérieusement. Dites, devez-vous souffrir en revoyant Isidora?

— Je ne souffrirai que pour elle,

mais n'est-ce pas assez ? répondit Laurent avec assurance. Ne serai-je pas auprès de vous en face d'elle, comme un accusateur, un délateur ou un juge ? n'exigez pas de moi...

— Eh bien ?

— N'exigez pas que j'ajoute à l'humiliation de son rôle devant vous. Je crois qu'elle ne s'attend pas à vous trouver telle que vous êtes. Je crains que votre grandeur ne l'écrase.

— Ah ! vous l'aimez encore, Laurent ! s'écria madame de T... Puis elle ajouta avec un sourire glacé : Je ne vous en fais pas un crime. Moi, je vous demande, comme la première et peut-être la dernière preuve d'une amitié sérieuse, de revenir quand je vous ferai avertir. »

Laurent s'inclina et sortit. Il eut la tentation de courir bien loin de l'hôtel pour se soustraire à cette étrange fantaisie si sérieusement énoncée. Mais il ne se sentit pas la force d'offenser celle qu'il aimait quand elle invoquait l'amitié, une amitié qu'il croyait à peine reconquise !

Je les verrai ensemble, se disait Alice, je me convaincrai de ce que je sais déjà. Il me sera enfin prouvé qu'il l'aime, et alors je serai guérie. Quelle est la femme assez lâche ou assez faible pour aimer un homme occupé d'une autre femme, pour songer à engager une lutte honteuse, à méditer une conquête incertaine, et qui ne s'achète que par la coquetterie, c'est-à-dire par le moyen le plus contraire à la dignité et à la droiture du cœur ? »

Elle s'étonnait d'avoir eu le courage de provoquer cette crise décisive et d'avoir osé vaincre la répugnance de Jacques. Mais elle s'en applaudissait, et remerciait Dieu de lui en avoir donné la force. Et puis cependant une douleur mortelle envahissait toutes ses facultés, et elle s'efforçait de désirer qu'Isidora fût assez indigne de l'amour de Jacques, pour qu'elle-même pût mépriser un pareil amour et oublier l'homme capable de le porter dans son sein. Mais on sait combien sont peu solides ces résolutions de hâter la fin d'un mal qu'on aime et d'une souffrance que l'on caresse.

Un domestique annonça madame la comtesse de S..., et Alice sentit comme le froid de la mort passer dans ses veines. Elle se leva brusquement, se rassit pendant que son étrange belle-sœur avançait avec lenteur vers la porte du salon, et se releva avec effort lorsque l'apparition de cet être problématique se fut tout à fait dessiné sur le seuil.

Au premier coup d'œil jeté sur cette femme, Alice ne fut frappée que de son assurance, de la grâce aisée de sa démarche et de sa miraculeuse beauté. Isidora n'était plus jeune, elle avait trente-cinq ans; mais les années et les orages de sa vie avaient passé impunément sur ce front de marbre et sur ce visage d'une blancheur immaculée. Tout en elle était encore triomphant; l'œil large et pur, la souplesse des mouvements, la main sans pli, les formes arrondies sans pesanteur, les plans du visage fermes et nets, les dents brillantes comme des perles et les cheveux noirs comme la nuit ; on eût dit que la sérénité du ciel s'était laissée conquérir par la puissance de l'enfer : c'était la Vénus victorieuse, chaste et grave en touchant à ses armes, mais enveloppée de ce mystérieux sourire qui fait douter si c'est l'arc de Diane ou celui de l'Amour dont il lui a plu de charger son bras voluptueux et fort.

Elle paraissait d'autant plus blanche et fraîche qu'elle était en noir, et ce deuil rigoureux était ajusté avec autant de bon goût et de simplicité noble qu'eût pu l'être celui d'une duchesse. Sa beauté avait d'ailleurs ce caractère de haute aristocratie que les patriciennes croient pouvoir s'attribuer exclusivement, en quoi elles se trompent fort.

Alice fit rapidement ces remarques et avança de quelques pas au devant d'Isidora, d'autant plus décidée à être parfaitement calme et polie, qu'elle se sentait plus de méfiance et de trouble intérieur. Au fond de son âme, Isidora tremblait bien plus qu'Alice; mais le fond de cette âme était, dans certains cas, un impénétrable abîme, et elle savait rendre sa confusion imposante.

Elle accepta le fauteuil qu'Alice lui montrait à quelque distance du sien; puis, se tournant d'un air quasi royal pour voir si elle était bien seule avec madame de T..., elle lui présenta en silence une lettre cachetée de noir, en disant : « C'est lui-même qui a mis là ce cachet de deuil, quatre heures avant de mourir. »

Alice, qui avait beaucoup aimé son frère, fut tout-à-coup si émue qu'elle ne songea plus à observer la contenance de son interlocutrice. Elle ouvrit la lettre d'une main tremblante. C'était bien l'écriture du comte Félix, quoique pénible et confuse. «

« Ma sœur, avait-il écrit, ils
« ont beau dire, je sens bien que je
« suis perdu, que rien ne me sou-
« lage, et que bientôt, peut-être, il
« faudra que je meure sans te revoir.
« Tu es le seul être que je voudrais
« avoir auprès de moi pour adoucir
« un moment pareil... peut-être af-
« freux, peut-être indifférent comme
« tant de choses dont on s'effraye
« et qui ne sont rien. J'aurais pré-
« féré mourir d'un coup de pisto-
« let, d'une chute de cheval, de quel-
« que chose dont je n'aurais pas sen-
« ti l'approche et les langueurs.....
« Quoi qu'il en soit, je veux, pen-
« dant que j'ai bien ma tête et un

« reste de forces, te faire connaître
« mes derniers sentiments, mes der-
« niers vœux, je dirais presque mes
« dernières volontés, si je l'osais.
« Alice, tu es un ange, et toi seule,
« dans ma famille et dans le monde,
« défendras ma mémoire, je le sais.
« Toi seule comprendras ce que je
« vais t'annoncer. J'aime depuis six
« ans une femme envers laquelle
« je n'ai pas toujours été juste,
« mais qui avait pourtant assez de
« droits sur mon estime pour que
« j'aie su cacher les torts que je lui
« supposais. Depuis trois ans que
« je voyage avec elle, mes soup-
« çons se sont dissipés, sa fidélité,

« son dévouement ont satisfait à
« toutes mes exigences et triomphé
« de tous mes préjugés. Depuis un
« an que je suis malade, elle a été
« admirable pour moi, elle ne m'a
« pas quitté d'un instant, elle n'a
« pas eu une pensée, un mouve-
« ment qu'elle ne m'ait consacrés..
« Il faut abréger, car je suis faible
« et la sueur me coule du front
« tandis que je t'écris... une sueur
« bien froide!... Depuis huit jours
« j'ai épousé cette femme devant
« l'Eglise et devant la loi, et par
« un testament qu'elle ignore et
« qu'elle ne connaîtra qu'après ma
« mort, je lui lègue tous les biens

« dont je peux disposer. Elle n'a
« pas songé un instant à assurer son
« avenir. Généreuse jusqu'à la pro-
« digalité, elle m'a montré un dé-
« sintéréssement inouï. Je mourrais
« malheureux et maudit si je la lais-
« sais aux prises avec la misère,
« lorsqu'elle m'a sacrifié une partie
« de sa vie. Ah ! si tu savais, Alice !
« que ne puis-je te voir... te dire
« tout ce que ma main raidie par un
« froid terrible m'empêche de...
 « Ma sœur, je suis presque en
« défaillance, mais mon esprit est
« encore net et ma volonté inébran-
« lable. Je veux que ma femme soit
« ta sœur ; je te le demande au nom

« de Dieu ; je te le demande à ge-
« noux, près d'expirer peut-être !
« tous les autres la maudiront ! mais
« toi, tu lui pardonneras tout,
« parce qu'elle m'a véritablement
« aimé. Adieu, Alice ; je ne vois
« plus ce que j'écris ; mais je t'aime
« et j'ai confiance... Adieu... ma
« sœur !....

« Ton frère, Félix, comte de S... »

Alice essuya ses joues inondées de larmes silencieuses, et resta quelque temps comme absorbée par la vue de ce papier, de cette écriture affaiblie, de cet adieu solennel et de ce nom de frère qui semblait exercer sur elle une majestueuse autorité d'affection.

Elle se retourna enfin vers Isidora et la regarda attentivement. Isidora était impassible et la regardait aussi, mais avec plus de curiosité que de bienveillance. Alice fut frappée de la clarté de ce regard sec et fier. Ah! pensa-t-elle, on dirait qu'elle ne le pleure plus, et il y a si peu de temps qu'elle l'a enseveli! on dirait même qu'elle ne l'a pas pleuré du tout!

« Madame, dit-elle, est-ce que vous ne connaissez pas le contenu de cette lettre?

— Non, madame, répondit la

veuve avec assurance : lorsque mon mari me la remit, il eut peine à me faire comprendre que je devais ne la remettre qu'à vous, et ce furent ses dernières paroles. » Et Isidora ajouta en baissant la voix comme si de tels souvenirs lui causaient une sorte de terreur : « Son agonie commença aussitôt, et quatre heures après.... » Elle se tut, ne pouvant se résoudre à rappeler l'image de la mort.

« Mon frère vous avait-il quelquefois parlé de moi, madame? reprit Alice qui l'observait toujours.

— Oui, madame, souvent.

— Et ne puis-je savoir ce qu'il vous disait?

— Lorsqu'il était malade d'irritation nerveuse, il avait de grands accès de scepticisme et presque de haine contre le genre humain tout entier...

— Et l'on m'a dit contre notre sexe particulièrement?

Isidora se troubla légèrement; puis elle reprit aussitôt: « Dans ces moments-là il exceptait une seule femme de la réprobation.

— Et c'était vous, sans doute, madame?

— Non, madame, répondit Isidora d'un accent de franchise courageuse: c'était vous. Ma sœur est un ange, disait-il : ma sœur n'a jamais eu un seul instant, dans toute sa vie, la pensée du mal.

— Mais, madame... cet éloge exagéré, sans doute, ne renfermait-il pas un reproche muet contre quelque autre femme ?

— Vous voulez dire contre moi ? Écoutez, madame, reprit Isidora avec une audace presque majestueuse, je ne suis pas venue ici pour me confesser des reproches justes ou injustes que la passion d'un homme a pu m'adresser. Le récit de pareils orages épouvanterait peut-être votre âme tranquille.

Je me crois assez justifiée par la preuve de haute estime que votre frère m'a donnée en m'épousant. Je ne sais pas ce que contient cette lettre ; j'en ai respecté le secret et j'ai rempli ma mission. Je n'ai jamais eu l'intention de me prêter à un interrogatoire, quelque gracieux et bienveillant qu'il pût sembler...»

En parlant ainsi, Isidora, se levait avec lenteur, ramenait son châle sur ses épaules et se disposait à prendre congé. « Pardon, madame, reprit Alice, qui, choquée de sa raideur, voulait absolument tenter une dernière épreuve : soyez assez bonne pour prendre connaissance de cette lettre que vous m'avez remise. »

Elle présenta la lettre à Isidora, et approcha d'elle un guéridon et une bougie, voulant observer quelle impression cette lecture produirait sur son impénétrable physionomie.

Isidora parut éprouver une vive répugnance à subir l'épreuve; elle était venue armée jusqu'aux dents, elle craignait de s'attendrir en présence de témoins. Cependant, comme elle ne pouvait refuser, elle se rassit, posa la lettre sur le guéridon, et, baissant la tête sous son voile, comme si elle eût été myope, elle déroba entièrement son visage aux investigations d'Alice.

L'idée de la mort était si antipathique à cette nature vivace, le spectacle de la mort lui avait été si redoutable, cette lettre lui rappelait de si affreux souvenirs, qu'elle ne put y jeter les yeux sans frissonner. Des tressaillements involontaires trahirent son angoisse; et quand elle l'eut finie :

« Pardon, madame, dit-elle à Alice ; je suis obligée de recommencer, je n'ai rien compris, je suis trop troublée. »

Troublée ! pensait Alice ; elle ne peut même pas dire *émue !* Si son âme est aussi froide que ses paroles, quelle âme de bronze est-ce là?

Isidora relut la lettre avec un imperceptible tremblement nerveux; puis elle abaissa son voile sur son visage, se releva, et fit le geste de rendre le papier à sa belle-sœur; mais tout-à-coup elle chancela, retomba sur son fauteuil, et, joignant ses mains crispées, elle laissa échapper une sorte de cri, un sanglot sans larmes, qui révélait une angoisse profonde, une mystérieuse douleur.

La bonne Alice n'en demandait pas davantage. Dès qu'elle la vit souffrir, elle s'approcha d'elle, prit ses deux mains, qu'elle eut quelque peine à désunir, et, se penchant vers elle avec un reste d'effroi :

« Pardonnez-moi d'avoir rouvert cette plaie, lui dit-elle d'une voix caressante; mais n'est-ce pas devant moi et avec moi que vous devez pleurer?

Avec vous? s'écria la courtisane effarée. »

Puis, la regardant en face, elle vit cette douce et bienfaisante figure qui s'efforçait de lui sourire à travers ses larmes.

Ce fut comme un choc électrique. Il y avait peut-être vingt ans qu'Isidora n'avait senti l'étreinte affectueuse, le regard compatissant d'une femme pure; il y avait peut-être vingt ans qu'elle raidissait son âme orgueilleuse contre tout insultant dédain, contre toute humiliante pitié. Malgré ce que Félix lui avait dit de la bonté de sa sœur, et peut-être même à cause de ce respect enthousiaste qu'il avait pour Alice, Isidora était venue la trouver, le cœur disposé à la haine. On ne sait pas ce que c'est que le mépris d'une femme pour une femme. Pour la première fois depuis qu'elle était tombée dans l'abîme de la corruption, Isidora recevait d'une femme honnête (comme ses pareilles disent avec fureur) une marque d'intérêt qui ne l'humiliait pas. Tout son orgueil tomba devant une caresse. La glace dont elle s'était cuirassée se fondit en un instant. Toutes les facultés aimantes de son être se réveillèrent ; et, passant d'un excès de réserve à un excès d'expansion, ainsi qu'il arrive à ceux qui luttent depuis longtemps, elle se laissa tomber aux pieds d'Alice, elle embrassa ses genoux avec transport, et s'écria à plusieurs reprises, au milieu de sanglots et de cris étouffés :

« Mon Dieu ! que vous me faites

de bien ! Mon Dieu ! que je vous remercie ! »

En voyant enfin des torrents de larmes obscurcir ces beaux yeux, dont l'audacieuse limpidité l'avait consternée, Alice sentit s'envoler toutes ses répugnances. Elle releva la pécheresse et, la pressant sur son sein, elle osa baiser ses joues inondées de pleurs.

L'effusion d'Isidora ne connut plus de bornes ; elle était comme ivre, elle dévorait de baisers les mains de sa jeune sœur, comme elle l'appelait déjà intérieurement. Une femme, disait-elle avec une sorte d'égarement, une amie, un ange ! ô mon

Dieu ! j'en mourrai de bonheur, mais je serai sauvée ! Son enthousiasme était si violent qu'il effraya bientôt Alice. Dans ces âmes sombres, la joie a un caractère fébrile, que les âmes tendres et chastes ne peuvent pas bien comprendre. Et cependant rien n'était plus chaste que la subite passion de cette courtisane pour l'angélique sœur qui lui rouvrait le chemin du ciel. Mais ce brusque retour à l'attendrissement et à la confiance, bouleversait son âme trop longtemps froissée. Elle ne pouvait passer de l'amer désespoir à la foi souriante qu'en traversant un accès de folie.

Elle en fut tout-à-coup comme brisée, et se jetant sur un sopha : j'étouffe, dit-elle, je ne suis pas habituée aux larmes, il y a si longtemps que je n'ai pleuré ! Et puis, je ne croyais pas pouvoir jamais sentir un instant de joie... Il me semble que je vais mourir.

En effet, elle devint d'une pâleur livide, et Alice fut effrayée de voir ses dents serrées et sa respiration suspendue. Elle craignit une attaque de nerfs, et sonna précipitamment sa femme de chambre.

La femme de chambre, au lieu de venir, courut à l'appartement du jeune Félix où se tenait Jacques

Laurent dans l'attente de son sort.

L'enfant dormait, Jacques agité s'efforçait de lire. La femme de chambre le pria de se rendre auprès de madame. Tel était l'ordre qu'elle avait reçu de sa maîtresse un quart-d'heure auparavant ; et, dans son émotion, Alice avait oublié que le coup de sonnette devait être le signal de cet avertissement donné à Jacques. Voilà pourquoi au bout de cinq minutes, au lieu de voir entrer sa femme de chambre, elle vit entrer Laurent.

Ou plutôt elle ne le vit pas. Il s'avançait timidement, et Alice tournait le dos à la porte par où il entra. Agenouillée près de sa belle-sœur, elle essayait de ranimer ses mains glacées. Cependant Isidora n'était point évanouie. Morne, l'œil fixe, et le sein oppressé, il semblait qu'elle fût retombée dans le désespoir, faute de puissance pour la joie. La douce Alice semblait la supplier de faire un nouvel effort pour chasser le démon. Elle semblait prier pour elle, tout en la priant elle-même de se laisser sauver.

Jacques s'attendait si peu à un tel résultat de l'entrevue de ces deux femmes, qu'il resta comme pétrifié de surprise devant l'admirable groupe qu'elles formaient devant lui. Toutes deux en deuil, toutes deux pâles : l'une toute semblable à un ange de miséricorde, l'autre à l'archange rebelle qui mesure l'espace entre l'abîme et le firmament.

Cependant l'habitude de s'observer et de se contraindre était si forte chez cette dernière qu'elle y obéissait encore machinalement. Elle fut la première à s'apercevoir du léger bruit que fit l'entrée de Jacques, et, sortant de sa torpeur par un grand effort, elle recouvra la parole. Je suis insensée, dit-elle à voix basse à sa belle-sœur. L'état où je suis me rendrait importune si je restais plus longtemps. Permettez-moi de m'en aller tout de suite. Il vous arrive du monde, et je ne veux pas qu'on me voie chez vous. Oh! à présent que je vous connais, je vous aime, et je ne veux pas vous exposer à des chagrins pour moi; j'aimerais mieux ne vous revoir jamais. Mais je vous reverrai, n'est-ce pas? Oh! permettez-moi de revenir en secret! je vous le demanderais à genoux si nous étions seules.

« Je veux que vous reveniez, répondit Alice en l'aidant à se lever, et bientôt j'espère que ce ne sera plus en secret. Pendant quelques jours encore permettez-moi de causer seule, librement avec vous.

— Quand ordonnez-vous que je revienne? dit Isidora, soumise comme un enfant.

— Si je croyais vous trouver seule chez vous...

— Vous me trouverez toujours seule.

— A certaines heures? lesquelles?

— A toutes les heures. Avec l'espérance de vous voir un instant, je fermerai ma porte toute la journée.

— Mais quels jours?

— Tous les jours de ma vie s'il le faut, pour vous voir un seul jour.

— Mon Dieu! que vous me tou-

chez! que vous me paraissez ai-
mante!

—Oh ! je l'ai été, et je le deviendrai si vous voulez m'aimer un peu. Mais ne dites rien encore ; ce serait de la pitié peut-être. Tenez, vous ne pouvez pas venir chez moi ostensiblement, cela peut attirer sur vous quelque blâme. Je sais qu'on a une détestable opinion de moi dans votre famille. Je croirais que je la mérite si vous la partagiez. Mais je ne veux pas que mon bon ange souffre pour le bien qu'il veut me faire. Venez chez moi par les jardins. Il y a une petite porte de communication dans votre mur ; près de la porte une serre remplie de fleurs, où vous pouvez vous tenir sans que personne vous voie, et où vous me trouverez toujours occupée à vous aimer et à vous attendre. »

FIN DU PREMIER VOLUME.

Imprimerie hydraulique de GIROUX et VIALAT,
Saint-Denis-du-Port, près Lagny.

TABLE DU PREMIER VOLUME.

PREMIÈRE PARTIE.

Journal d'un solitaire à Paris. 5

SECONDE PARTIE.

Alice. 179

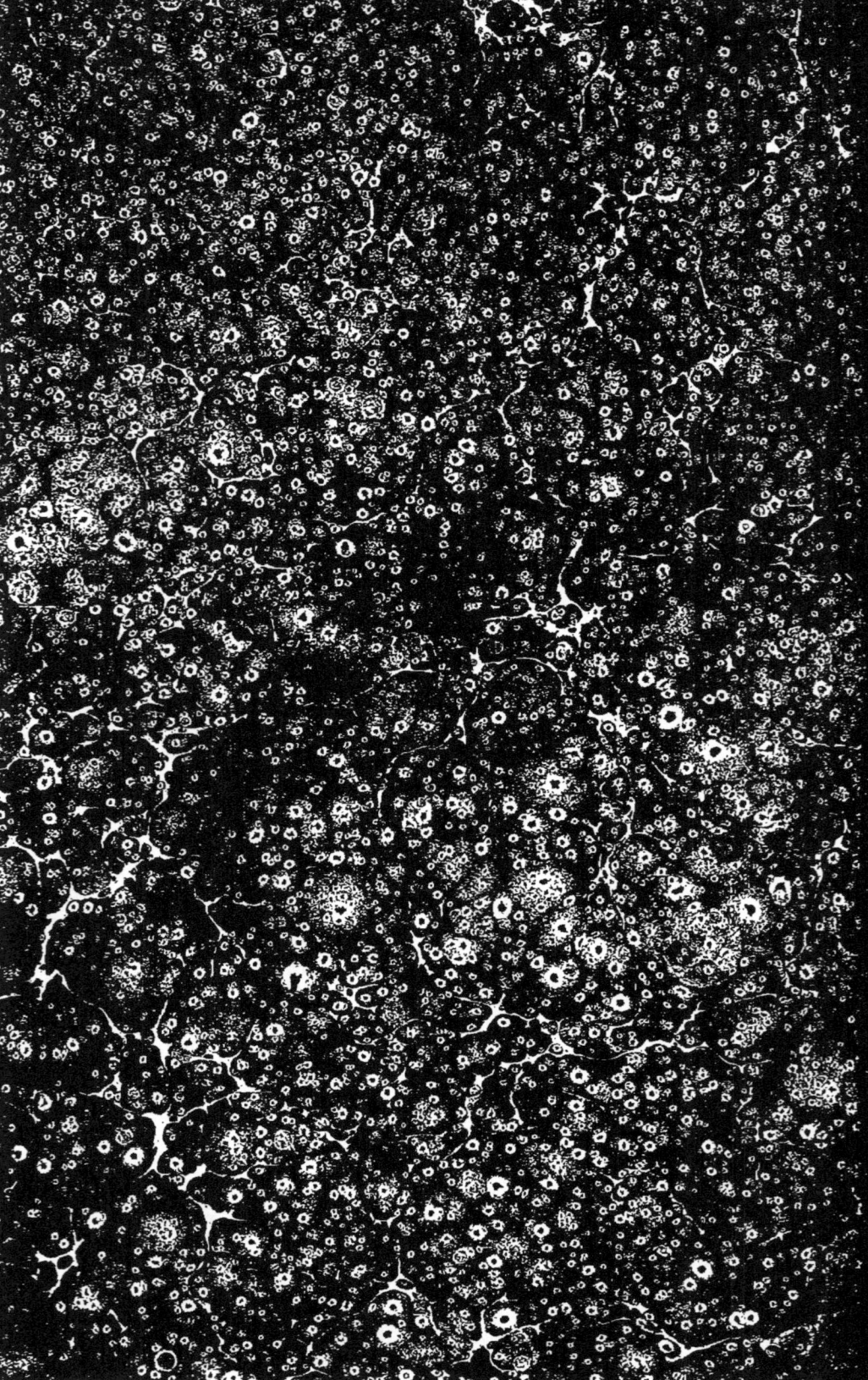

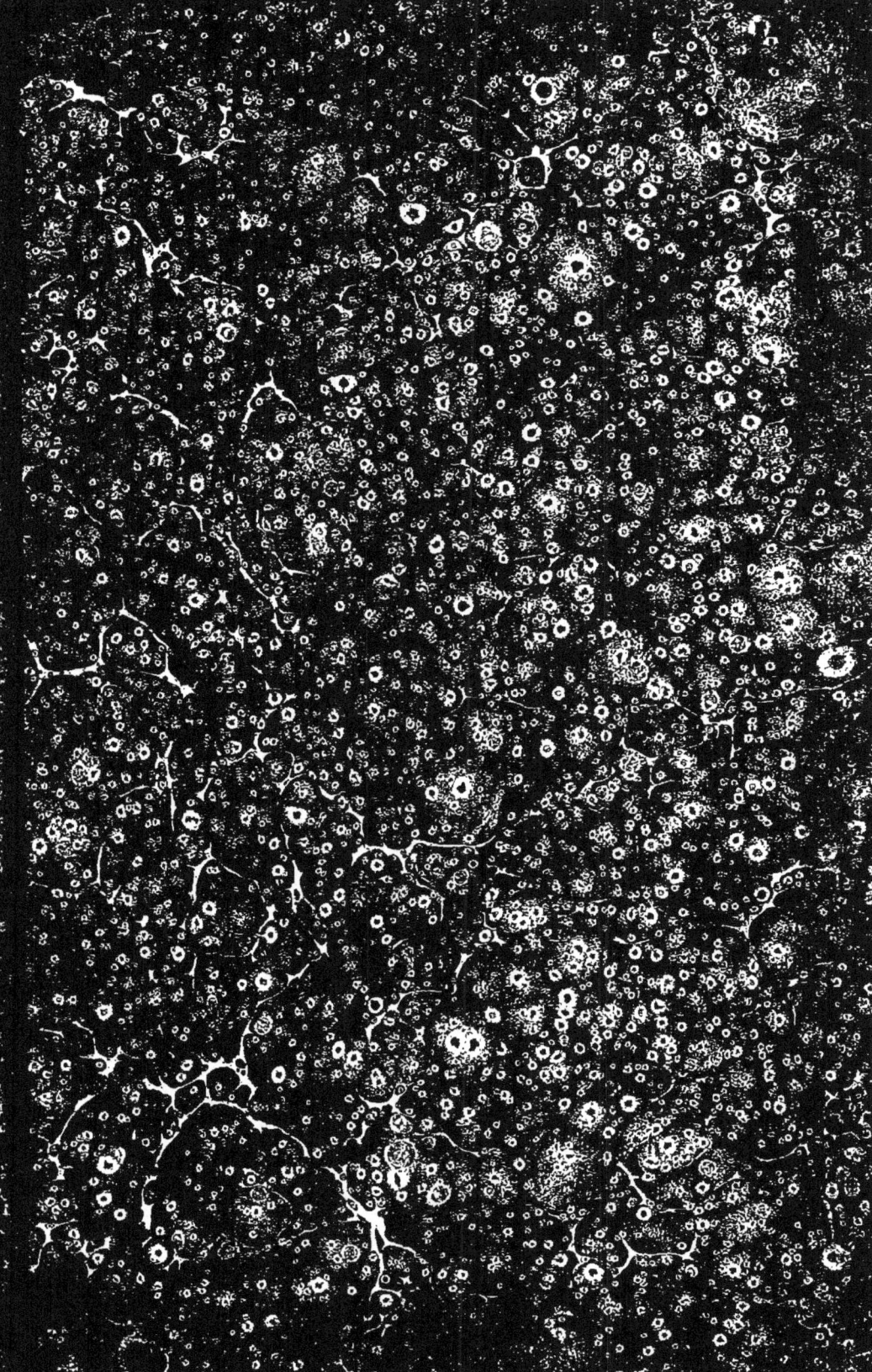

www.ingramcontent.com/pod-product-compliance
Lightning Source LLC
Chambersburg PA
CBHW062010180426
43199CB00034B/1930